辅读学校“做中学”课堂活动设计

施凤 曹霞 陈奇◎著

文匯出版社

前 言

Qianyan

上海市静安区南阳学校成立于 1989 年，是一所为智障儿童少年提供九年义务教育的特殊教育学校。

“做中学”是一门以探究为主要学习方式的儿童科学启蒙教育课程。本着该课程的理念同样可以使特殊儿童获益的初衷，这门原本在静安区普通学校进行的中法合作项目于 2003 年被引进我校。在坚持“做中学”课程理念及教学原则的基础上，我校根据中度智障学生的未来社会生活需求，依据他们的认知水平、操作能力，进行了与普通学校完全不同的全新的课程开发和教学探索。

历经 15 年，我们对在“做中学”课程实践过程中积累的成果进行了梳理，几经提炼编写成册。本书共收录《植物》《水果》《认识自己》和《水与冰》4 个活动模块的内容，每个模块分别从“概念”“探究能力”“科学态度”“社会情绪能力”和“言语能力”五个维度，按低、中、高三个阶段进行活动方案设计。我们希望通过这些活动模块的实施，帮助学生学会观察身边事物，学会从生活中获取简单的科学知识；促进学生思维、语言等能力的发展，最终提高他们的生活技能，为他们更好地适应未来生活奠定基础。

本书的编写旨在为特殊学校开展科学教育提供模块设计、课堂教学等方面的经验借鉴。在实践开展及本书编写过程中，我们得到了曹坚红老师及她所带领的“做中学”研究团队的指导与帮助，在此对他们的支持和付出表示由衷的感谢。对于书稿中存在的不足之处，敬请大家批评指正。

编 者

2018 年 9 月 28 日

前言

目 录

Mulu

水果

“水果”活动模块的设计，主要是引导中度智障学生通过分类和比较的方法，观察生活中常见的、部分特征明显的水果，了解这些水果的属性，激发主动观察的兴趣；丰富相关的感知体验，积累与水果相关的生活经验；提升运用感官和工具进行探究的意识和能力。

活动目标

【概念】

- 能说出生活中常见水果的名称。
- 了解不同水果具有不同的特征。

【探究能力】

- 学会运用各种感官进行观察。
- 掌握不同的观察方法。
- 能根据观察结果进行分类和比较。

【科学态度】

- 激发学生运用多感官观察事物的兴趣。

【社会交往能力】

- 在活动中学会倾听，并如实描述自己的观察结果。

【语言能力】

- 掌握一些相关(科学)词汇，如：果皮、种子、果核、籽、观察、感觉、触摸、颜色、大小、形状、味道、气味、表面光滑度等。
- 掌握描述与颜色、大小、形状、味道、气味、表面光滑度相关的词汇。
- 能借助实物操作，与他人分享自己的观察结果。
- 学习抓住事物的特征进行描述和记忆。

	第一阶段	第二阶段	第三阶段
认识水果	寻找自己认识的水果 介绍自己最喜欢的水果 认识常见的水果	认识时令水果 水果配对	认识常见的进口水果 获取水果信息
比较水果	比较水果的颜色 比较同类水果的不同品种	比较水果的味道 比较水果的轻重	比较两种相似的水果 比较水果的水分 猜猜这是什么水果
水果分类	按种类进行分类	按颜色进行分类 按表面光滑度进行分类	按水分的多少进行分类 按味道进行分类 自主选择方法进行分类 按要求进行分类
加工水果	——	寻找与水果相关的食品	榨果汁 做水果奶昔 做水果色拉
巧用水果	——	——	水果的妙用

第一阶段 活动设计

一、前 测

【活动目标】

(1) 了解学生认识常见水果的学习基础。

(2) 通过介绍水果,了解学生的语言表达能力现状。

(3) 了解学生是否理解什么叫分类;是否会进行分类活动。

【活动准备】

(1) 20 种常见的水果及其相对应的水果图片。

(2) 提供分类操作时使用的果篮(果盘)。

【注意事项】

- **水果的选择**

(1) 选择生活中常见的水果。如:苹果、梨、香蕉、橘子、芒果、西瓜、葡萄、橙、猕猴桃、哈密瓜、龙眼等。

(2) 选择一部分特征明显的水果。如:柠檬、荔枝、椰子、菠萝、杨桃等。(便于在今后的教学中指导学生抓住特征进行描述、分类、比较。)

- **每个学生单独进行测试,避免相互干扰。**

【活动过程】

活动环节	活动过程中的步骤	步骤目的
辨认水果	(1) 看着老师逐个出示的水果,说出水果的名称。	了解学生对常见水果的认识基础。

续表

活动环节	活动过程中的步骤	步　骤　目　的
辨认水果	(2) 看着老师逐张出示的水果图片，说出水果的名称。 (3) 从 20 种水果中拿出自己认识的水果，并说出名称。	
水果分类	出示：菠萝、香蕉、西瓜、红提、青提。 (1) 尝试自主分类。（提示语：你能给这些水果分类吗?） (2) 尝试根据老师的明确要求进行分类。（提示语：请你按颜色给这些水果分类。） (3) 尝试用一种以上的方法进行分类。（提示语：你还能用其他方法给这些水果分类吗?）	(1) 了解学生是否理解什么叫分类。 (2) 了解学生是否会进行分类活动。 (3) 了解学生可以用几种方法进行分类活动。
描述水果	分别出示：香蕉、菠萝。 (1) 介绍自己看到的水果。（提示语：请你介绍一下这个水果。） (2) 在老师提问下描述水果。 提问： (1) 它是什么形状的? (2) 它是什么颜色的? (3) 用手摸一摸，有什么感觉? (4) 用鼻子闻一闻，有没有气味? (5) 你知道它可以怎么吃吗?	(1) 了解学生的语言表达能力。 (2) 了解学生是否理解“形状”“颜色”“气味”等专用术语。 (3) 了解学生是否了解自己认识的水果的食用方法。
比较水果	出示：桂圆、西瓜。 说说这两种水果的异同。	了解学生能否用不同的方法进行比较。

活动反思

老师拿出一个橙子，问学生：“这是什么?”

“这个是酸的。”

“这个是可以吃的。”

学生们纷纷回答，但是答案五花八门，就是没人说出这是橙子。

对智障学生来说生活中很多常见的水果，他们虽然经常吃，也知道很多水果的名称，但是他们很难将实物与品名对应起来，对于这些水果的特征也只能进行凌乱的描述。

为了更好地了解学生对于水果的认识程度，老师设计了辨别、分类、描述和比较这四个环节，从不同的侧面了解学生的学习基础，为后续教学做准备。

二、认 识 水 果

(一) 寻找自己认识的水果

【活动目标】

(1) 通过寻找自己认识的水果，提高活动兴趣。

(2) 介绍自己认识的水果的品名。

(3) 学习安全、卫生常识及活动规则。

【活动准备】

(1) 准备 20 种常见的水果。

(2) 一个果篮。

【注意事项】

(1) 每个学生单独测试，避免相互干扰。

(2) 说清楚活动要求，让学生明确活动要求后再开始活动。

【活动过程】

活动环节	活动过程中的步骤	步 骤 目 的
活动前的准备	(1) 学习活动规则。 (2) 结合生活,学习活动中涉及的安全、卫生常识。	(1) 帮助学生理解活动规则,逐步引导学生建立遵守活动规则的良好生活习惯。 (2) 指导学生了解一些生活常识。
独立在20种水果中找出自己认识的水果	从老师准备的20种水果中找出自己认识的水果,放在自己的果篮里。(先说后拿)	(1) 指导学生理解老师的活动要求。 (2) 鼓励学生积极参与活动。 (3) 进一步了解学生对这20种水果的认识程度。
介绍自己认识的水果	介绍自己果篮里的水果名称。(提示语:"这是……")	(1) 激发学生的表达意愿。 (2) 指导学生倾听伙伴的介绍。 (3) 借助实物培养学生的语言表达能力。

活动反思

"你能从这些水果中拿出一个自己认识的水果吗?"

老师说完,学生就从水果篮中挑选起了水果。

"你能告诉老师你拿的是什么水果吗?"

"……"有时学生盯着自己手里的水果,反复掂量着,但是没能回答老师的问题。在我们实际的活动过程中,上述情况经常会发生。老师要求学生拿出自己认识的水果,但是面对琳琅满目的水果篮,学生往往会受到自身喜好的干扰,忘记老师的要求,而去拿自己喜欢的水果。针对这一情况,老师对活动进行了重新设计，要求学生先说一说在这些水果中认识哪些水果，然后再有目的地去拿。在加入这一环节后，学生们活动的目的性强了，乱拿的现象也少了。

(二) 介绍自己最喜欢的水果

【活动目标】

(1) 能用简单的语言与同伴交流自己最喜欢的水果。

(2) 在同伴交流时学习安静地倾听。

【活动准备】

(1) 每个学生带一个自己最喜欢的水果。

(2) 老师的记录卡。

【注意事项】

(1) 老师负责记录学生正确描述的语言。

(2) 指导学生学习倾听。

(3) 提示学生可以看着手里的水果进行介绍。

【活动过程】

活动环节	活动过程中的步骤	步骤目的
介绍自己最喜欢的水果	向同伴介绍自己最喜欢的水果。(老师帮助记录学生的描述。)	(1) 激发学生的表达意愿。 (2) 指导学生倾听伙伴的介绍。 (3) 进一步了解学生表达能力的现状。
学习介绍水果	(1) 学习同伴用到的正确描述水果的语言。 (2) 模仿老师或同伴，学习介绍水果。	(1) 通过不断肯定学生的方式培养学生的自信心。 (2) 培养学生的语言表达能力。

活动片段

老师拿出一根香蕉，让学生介绍一下这种水果。

“香蕉很好吃。”

“这个超市里有的。”

“回家叫妈妈买。”

在学生介绍水果的环节中老师了解到，有些学生虽然已经掌握了有关颜色、形状、味道等方面的知识，但是在观察水果的过程中，他们并不能运用这些知识用语言描述水果的特征。

针对部分学生存在的困难，老师可以用“这个水果是什么形状的？”“它是什么颜色的？”“它是甜的还是酸的？”等等这些指向性更加明确的问句或者选择性疑问句进行提问，引导学生用准确的描述性语言说出水果的特征。结果证明，经过引导，大多数学生都能用相应的语言描述水果的特征。

(三) 认识常见的水果

【活动目标】

(1) 学习观察的基本方法：眼睛看、手摸、鼻子闻、嘴巴尝。

(2) 根据水果的形状、颜色、气味、味道等特征进行观察、描述。

(3) 尝试大胆地把观察到的结果用生活语言描述出来。

【活动准备】

(1) 本阶段需要认识的水果。

(2) 果盘、果篮等。

(3) 观察方法提示卡：[眼睛看]　[手摸]　[鼻子闻]　[嘴巴尝]

【注意事项(常规教育)】

(1) 指导学生水果要轻拿、轻放。

(2) 引导学生学习倾听与想好了再说的学习习惯。

【活动过程】

活动环节	活动过程中的步骤	步骤目的
学习观察水果的方法	(1) 学习用眼睛看、手摸、鼻子闻、嘴巴尝等不同的方法观察水果。 (2) 尝试将观察结果用语言描述出来。	(1) 指导学生学习几种观察的方法。 (2) 指导学生抓住事物的基本特征进行观察、描述。
认识常见的水果	(1) 通过“看”“闻”“摸”“尝”，认识常见的水果。 (2) 介绍自己认识的水果。	(1) 指导学生抓住水果的形状、颜色、气味、味道等特征去认识水果。 (2) 引导学生用语言描述与他人分享自己认识的水果。

教学反思

在之前的教学中，学生已经学习了不同的观察方法，但在实际的观察过程中，我们发现学生还是较为倾向于运用视觉信息和已有的生活经验来描述水果，比如香蕉是黄色的，很甜；菠萝是大大的，酸酸甜甜的。主动用其他方法进行观察和描述的学生很少。

根据学生的这一实际表现，教师加强了教学过程中的引导，通过提示卡的方式有意识地让学生用不同的方法来观察和描述水果的特征。通过引导，学生开始用不同的方法进行观察和描述，对水果的特征也有了更深入的了解。

三、比 较 水 果

(一) 比较水果的颜色

【活动目标】

(1) 通过眼睛看,发现不同水果在颜色上的差异。

(2) 学习抓住事物颜色特征进行观察、比较的方法。

(3) 能用语言描述、分享自己的发现。

(4) 积累与水果相关的生活经验。

【活动准备】

(1) 单一颜色的玩具、日用品若干。

(2) 色卡。

(3) 有明显颜色差异的水果,如:西瓜、椰子、桂圆、葡萄。

【注意事项】

(1) 了解学生对本活动涉及的几种颜色的掌握程度。

(2) 强调本活动观察的重点——颜色。

(3) 给学生活动用的水果,要选用形状基本相同,颜色有明显差异的。

【活动过程】

活动环节	活动过程中的步骤	步　骤　目　的
准备活动:按颜色找实物	根据老师的指令从教室中找出特定颜色的物体。(课前环境布置:老师将一些上课需要用到的单一颜色的玩具、日用品摆放在课桌上或教室中比较显眼的位置。)	(1) 帮助学生巩固对颜色的认识。 (2) 引导学生把观察的重点放在颜色上。

续表

活动环节	活动过程中的步骤	步骤目的
将水果颜色与色卡配对	(1) 根据水果的颜色去找相同颜色的色卡。 (2) 把色卡和水果配对摆放。	(1) 让学生通过实物对已认识的颜色进行确认,进一步强化对颜色的认识。 (2) 指导学生明确本次活动观察的重点是辨认颜色。
比较有明显颜色差异的两种水果	比较水果颜色有什么不一样。(提示:老师出示的水果,每两个一组。)	(1) 帮助学生理解什么叫不一样。 (2) 引导学生通过比较发现被观察物体颜色的差别。 (3) 引导学生与他人分享自己的观察结果。
延伸活动:生活常识知道多少	(1) 出示黄色和绿色的橘子。 学生自由挑选一种颜色的橘子进行品尝。(提示:① 两种颜色的橘子分别按学生的人数准备;② 要求学生在品尝时先吃半个。) (2) 和同伴交流品尝后的感受。 (3) 与拿了不同颜色橘子的同伴相互交换品尝,再说说自己品尝后的感觉。 (4) 交流:绿色的橘子和黄色的橘子,应该先吃哪一种?为什么? 老师提示:有些水果呈绿颜色时说明还没有完全成熟。	(1) 了解学生已有的生活经验。 (2) 帮助学生通过体验,积累生活常识——通常成熟的橘子是黄颜色的,成熟的橘子味道会比较甜。

活动片段

老师拿出一个橙子和一个柠檬,让学生说一说这两种分别是什么水果。

学生很快拿起橙子回答道:“这是橙子。”

但是看着面前的柠檬,学生却犯起难来。

“这两种水果外皮手感相似,形状也相似,颜色一样吗?”

“不一样。”

“你们能先说一说这两种水果分别是什么颜色吗?”

“这个是橙色的,那个是黄色的。”

“这个和橙子长得差不多,有黄色外皮的是柠檬。”

在这个教学活动中,老师引导学生将观察的重点落实在对水果颜色的辨别上,通过比较橙子和柠檬显著的不同点来认识柠檬。这种通过抓住水果的特征来认识水果的方法,能够更好地帮助学生记住水果的名称,并在比较中加深记忆。

(二) 比较同类水果的不同品种

【活动目标】

(1) 通过活动理解什么叫相同点,什么叫不同点。

(2) 通过多种感官观察,初步掌握不同的比较方法。

(3) 愿意与他人交流自己观察、比较的结果。

【活动准备】

(1) 形状、大小相同,颜色不同的积木。

(2) 形状、颜色相同,大小不同的积木。

(3) 颜色相同,形状不同的积木。

(4) 同一种水果不同的品种,如:葡萄(绿葡萄、紫葡萄);苹果(黄蕉、青蕉)、芒果(象牙芒、鸡蛋芒)等。

【注意事项】

(1) 强调本活动观察的重点——相同点、不同点。

(2) 选用常见的水果进行比较。

【活动过程】

活动环节	活动过程中的步骤	步 骤 目 的
准备活动：比较积木	(1) 观察老师提供的几组积木。 第一组：形状、大小相同，颜色不同的积木。 第二组：形状、颜色相同，大小不同的积木。 第三组：颜色相同，形状不同的积木。 (2) 比较每组的两块积木有什么相同点和不同点。	(1) 帮助学生理解什么叫相同点，什么叫不同点。 (2) 指导学生初步掌握比较的方法。 (3) 指导学生用语言与他人分享自己的比较结果。
比较同一种水果不同的品种	观察同一种水果不同的品种，并尝试进行比较。如：比较绿葡萄、紫葡萄有什么不同。	(1) 培养学生观察的兴趣。 (2) 引导学生通过观察、比较找出两个水果之间的不同点。 (3) 引导学生与他人分享自己的观察结果。

活动片段

老师拿出一个盛着各种水果的水果篮，让学生在这一篮水果中找出葡萄。学生们经过一番仔细地挑选，把篮子里所有的葡萄都找了出来。

"老师，这些葡萄有的是紫色的，有的是绿色的。"

"有些很大，有些很小。"

"这都是你们用眼睛观察到的。现在你们可以尝一尝这些葡萄，看看是否还会有新的发现。"

"有的有籽，有的没有籽。"

在老师创设的情境中，学生自然而然地将自己找出来的葡萄进行了比较。

通过比较，学生们也知道了像葡萄等水果有很多品种，每个品种之间也有差异。在对不同品种的水果的观察和比较过程中，学生的好奇心得到了激发，观察和探究的意识、能力也得到了提高。

四、水果分类

按种类进行分类

【活动目标】

(1) 通过操作，初步掌握按种类分的分类方法。

(2) 会按种类给水果分类。

(3) 学会关注同伴的操作。

【活动准备】

同一种水果的几种不同品种。

(如苹果：青蕉、黄蕉、红蕉；芒果：鸡蛋芒、象牙芒)

【注意事项】

(1) 在活动前了解学生对分类方法的掌握情况。

(2) 尽可能挑选生活中常见的品种。

【活动过程】

活动环节	活动过程中的步骤	步 骤 目 的
听指令找水果	(1) 根据老师的指令找到相应的水果。 (2) 根据提示卡找到相应的水果。	(1) 帮助学生巩固认识常见的水果，在水果的名称和实物之间建立一一对应的联系。 (2) 为学生进行分类活动做好认知上的准备。

续表

活动环节	活动过程中的步骤	步 骤 目 的
按种类分水果	(1) 听指令把所有的苹果(或其他指定的水果)放到同一个果篮里。 (2) 将不同的水果按种类分一分。(提示：苹果和苹果放在一起,梨和梨放在一起……)	(1) 帮助学生理解什么叫“种类”。 (2) 通过操作,指导学生初步理解什么叫“分类”。 (3) 引导学生按“种类”给认识的水果进行分类。
延伸活动：按种类进行分类活动	出示几种学生熟悉的物品： (1) 听老师的提示语,把自己熟悉的物品分类摆放。 (2) 尝试独立把物品分类摆放,并向伙伴介绍自己是怎么分的。	(1) 帮助学生巩固理解“种类”和“分类”这两个概念。 (2) 帮助学生通过给自己认识的物品进行分类的活动,巩固按“种类”分的分类方法。 (3) 引导学生借助操作提高自己的语言表达能力。

活动片段

在对水果进行分类的活动中,老师要求学生按照种类对水果篮中的两类水果进行分类。结果,有的学生将所有的水果平均分成了两份,有的学生则还是按颜色去分。针对学生的情况,老师将这个活动的开展分了三个步骤：

(1) 让学生听指令从一堆玩具和苹果中拿出苹果或玩具。如：请你们拿出所有的苹果。

(2) 引导学生将玩具和水果按种类进行分类。

(3) 通过明确指令,帮助学生进一步理解“种类”的概念。例如：篮子里有哪些水果？有苹果和梨。你们能不能分一分？

通过这三个步骤的活动,学生逐步理解了“种类”这个概念。

第二阶段　活动设计

一、认识水果

(一) 认识时令水果

【活动目标】

(1) 学会运用基本的观察方法开展观察活动，认识时令水果。

(2) 尝试抓住事物特征进行观察和描述。

(3) 练习把自己体验到的感受用语言描述，并与同伴分享。

【活动准备】

(1) 本阶段需要认识的水果。

(2) 果盘、果篮等。

(3) 观察方法提示卡：眼睛看　手摸　鼻子闻　嘴巴尝

【注意事项(常规教育)】

(1) 提醒学生水果要轻拿、轻放。

(2) 逐步培养学生仔细倾听和想好了再说的学习习惯。

【教学过程】

活动环节	活动过程中的步骤	步骤目的
巩固认识同一种水果的不同品种	出示：不同品种的苹果。在老师提示下，通过观察，找出不同品种的苹果之间的区别。	(1) 帮助学生进一步理解“异”“同”。 (2) 指导学生进一步学习观察的方法。

续表

活动环节	活动过程中的步骤	步 骤 目 的
	(提示:也可以观察不同品种的梨或芒果等水果。)	(3) 帮助学生正确理解要求后再开展观察活动。
认识时令水果	(1) 介绍自己知道的时令水果。 (2) 认识一些时令水果。 (3) 借助"看""闻""摸""尝"的提示卡,观察并介绍时令水果。	(1) 帮助学生了解什么叫时令水果。 (2) 通过活动帮助学生认识更多的时令水果。 (3) 指导学生向他人介绍自己认识的或看到的时令水果。

活动反思

"老师,我看到水果店里有荔枝了。"

"老师,我也看到了,上个星期还没有呢。"

很多水果具有很强的时令性,因此老师在选择上课使用的水果时,要充分考虑水果的这一特征,这样做能够起到以下几个方面的作用:

(1) 很多时令水果在上市时间内会大量出现在市面上,老师可以利用这一情况,趁热打铁,帮助学生加深印象。

(2) 帮助学生积累生活经验,通过教学让他们了解不同季节有不同的水果。

(3) 引导学生有意识地了解当季水果,加强学生观察生活的意识。

经过实践,学生对于市面上的时令水果有了更多的关注和了解。

(二) 水果配对

【活动目标】

(1) 通过配对活动,在实物与图片(或文字)之间建立一一对应的联系。

(2) 借助操作提高自己的语言表达能力。

(3) 在集体活动中与同伴分享自己的收获。

【活动准备】

(1) 各种水果及图片。

(2) 水果名称的词卡。

【注意事项】

(1) 在活动中要先指导学生理解活动的规则。

(2) 尽可能选用实物拍摄后制作的水果图片。

【活动过程】

活动环节	活动过程中的步骤	步　骤　目　的
根据图片找实物	根据水果图片,寻找相对应的水果。	(1) 发展学生的观察能力,帮助学生建立从实物到图片,再从图片到实物之间的过渡。 (2) 培养学生正确理解活动要求,积极参与活动的兴趣。
图片与实物的配对	(1) 看着图片,说出水果的名称。 (2) 根据图片找水果实物或根据实物找水果图片,进行配对。 (3) 按提示将实物和图片一一对应摆放。 (4) 向伙伴介绍自己的配对结果。	(1) 帮助学生建立实物与图片一一对应的关系。 (2) 培养学生在集体活动中与伙伴分享自己收获的习惯。 (3) 发展学生的语言表达能力。

活动片段

"桌上的这些水果你们都认识吗?"

"认识。这是苹果。""这是猕猴桃。"……

"老师这里还有很多水果的图片,你们能拿着桌上的水果,把对应的图片找出来吗?"

"能!"

话音刚落,学生就开始七手八脚地翻起图片来,但是很多学生都是翻翻这张,看看那张,过了很久也没把相应的图片找出来。

学生虽然已经认识了很多种水果,但是由于在平时的活动中他们接触的都是实物,转换到图片识别的时候就产生了困难。针对这一情况,老师引导学生通过观察水果的主要特征,如颜色、形状等,从这些主要特征入手,从图片中识别出这些水果。经过引导,学生在水果实物与图片对应的活动中,速度和正确率都得到了提高。

二、比 较 水 果

(一) 比较水果的味道

【活动目标】

(1) 通过品尝,发现水果在味道上的差异,能分辨不同的味道。

(2) 学习根据要求进行语言描述,发展学生的语言能力。

(3) 学习抓住水果的味道特征进行观察、比较。

(4) 愿意与他人分享自己的体验结果。

【活动准备】

(1) 酸酸的水果:柠檬。

(2) 甜甜的水果：香蕉。

(3) 酸酸甜甜的水果：苹果、橘子、猕猴桃。

【注意事项】

(1) 了解学生对本活动涉及的几种味道掌握的程度。

(2) 强调本活动观察的重点——味道。

(3) 用来比较的水果在味道上要有明显的差异。

【活动过程】

活动环节	活动过程中的步骤	步　骤　目　的
准备活动	品尝同一种水果，分别说出品尝到的这种水果是什么味道。	(1) 引导学生把观察的重点落实在味道上。 (2) 鼓励学生把自己品尝后的感受告诉同伴。 (3) 了解学生能否正确表达味道，为后面的活动做好准备。
了解水果的味道	(1) 学生分别品尝几种不同味道的水果。 (2) 品尝后说出这些水果的味道。	(1) 引导学生在品尝的水果和品尝到的味道之间建立对应的联系。 (2) 培养学生的语言表达能力。
延伸活动：猜猜这是什么水果	(1) 蒙住眼睛品尝水果。 (2) 说出自己品尝到的水果味道。 (3) 根据品尝到的味道，猜水果的名称。	(1) 用不同的形式激发学生参与活动的兴趣。 (2) 帮助学生建立味道与实物之间的对应联系。

活动反思

“你能说说这个水果是什么味道的吗？”

"好吃的。"学生想了一会儿,然后说。

"怎么好吃呢?"

"……"

在生活中,我们经常会说这样东西很好吃,并不太会刻意去说某种水果的味道是怎样的,加上我们的学生在生活中自然习得知识的能力较差,家长又缺乏有意识地引导,因此我们的学生虽然对于水果的味道有较丰富的生活经验,但对于味道的概念却不明确,不能将自己的味觉感受正确地进行描述。因此,在我们的活动和生活中,反复让学生体验不同的味道,并进行表达,这不仅能丰富他们的语言,还能为他们解决生活中的问题提供支持。

(二) 比较水果的轻重

【活动目标】

(1) 结合生活经验,了解几种常用的比较轻重的方法。

(2) 学会借助工具比较水果的轻重。

(3) 根据操作结果,如实向他人介绍自己的比较结果。

【活动准备】

(1) 重量差异明显的几种水果。

(2) 重量差异不明显的几种水果。

(3) 天平秤。

(4) 表示轻或重的标签。

【注意事项】

(1) 选用操作简单的工具。

(2) 指导工具的基本使用方法。如天平秤:让学生了解沉下去的一头表示重就可以了,不需要看具体的测量数据。

【活动过程】

活动环节	活动过程中的步骤	步　骤　目　的
比较两个水果的轻重(1)	(1) 不使用工具,比较一组大小差异明显的水果的轻重。 (2) 不使用工具,比较一组大小差异不明显的水果的轻重。	(1) 指导学生正确理解活动要求后参与活动。 (2) 教学生学会使用目测和掂的方法,比较水果的轻重。 (3) 鼓励学生与同伴交流自己比较的结果和理由。
比较两个水果的轻重(2)	学习借助天平秤,比较两个水果的轻重。	(1) 让学生知道有时工具能帮助我们解决困难。 (2) 指导学生学会使用天平秤比较轻重。 (3) 引导学生借助操作,与同伴交流比较结果。
给三个水果按轻重排排队	(1) 通过使用天平秤,比较出水果的轻重。 (2) 根据比较的结果,按轻重给水果排队。	(1) 提高学生对活动要求的理解。 (2) 指导学生通过使用工具比较物体的轻重,并介绍自己的比较结果。
延伸活动:称称水果有多重	用电子秤来称水果的重量。	(1) 让学生自己动手,用一用生活中常见的工具。 (2) 激发学生的学习兴趣。 (3) 帮助学生了解可以用不同的方法比较出物体的轻重。

活动片段

在比较水果轻重的活动中,老师为学生提供了几组水果进行比较。首先是大小差异明显的一组水果。面对这组水果,大多数学生会根据水果个头的大小判断水果的轻重；然后是大小差异不明显，但重量差异较大的一组水果，这时一些学生尝试拿起两种水果在手上掂，然后做出判断；最后一组是个头和重量都相近的水果，有学生想到了用电子秤，但是比较电子秤上读数的大小，从而判断两个水果哪个轻哪个重，比较困难。在这种情况下，老师引导学生借助天平秤来比较，通过活动让学生了解在使用天平秤比较时，沉下去那头的水果重。

通过这几组比较活动，学生不仅知道了可以用多种方法比较物品的轻重，也认识了一些生活中常见的工具，同时，他们也知道了今后遇到学习或生活中的问题，可以用不同的方法解决。在方法的选择上，只要条件许可，尽量选用能帮助自己轻松解决问题的方法。

三、水 果 分 类

(一) 按颜色进行分类

【活动目标】

(1) 通过操作，初步掌握按颜色分的分类方法。

(2) 会按颜色给水果分类。

(3) 能在操作后向同伴介绍自己的分类方法。

【活动准备】

各种常见的水果。（黄色，如：香蕉、苹果、梨等；绿色，如：葡萄、苹果、绿橙等。）

【注意事项】

(1) 要求学生在活动前能区别活动中涉及的颜色。

(2) 选用各种不同颜色的水果。

【活动过程】

活动环节	活动过程中的步骤	步 骤 目 的
听指令找水果	听指令找到相应的水果。	(1) 帮助学生巩固对水果名称与实物的对应。 (2) 激发学生参与活动的积极性。
给水果按颜色分一分	(1) 根据颜色提示卡,按颜色对水果进行分类。 (2) 根据口头指令,按颜色对水果进行分类。	(1) 帮助学生巩固对颜色的认识。 (2) 帮助学生理解什么叫“按颜色”进行分类。 (3) 指导学生会“按颜色”给水果进行分类。
延伸活动:按颜色分类	出示不同的物品: (1) 将不同的物品,按颜色分类摆放。 (2) 活动后能介绍自己是按什么要求进行分类的。	(1) 指导学生带着明确的目的开展活动。 (2) 帮助学生巩固“按颜色”进行分类的方法。 (3) 培养学生的语言表达能力。

活动片段

在活动中,老师要求学生按照水果的颜色进行分类。大部分学生很快就完成了,但是平时分得最快的一个学生却在那里左摆摆,右挪挪,脸上还一副若有所思的表情。老师没有催促他,而是和学生一起观察他是怎么分类的。

又过了一会儿,这名学生终于分好了,老师发现他不但把红、黄、绿等颜色的水果按照颜色分开了,而且把土黄色和柠檬黄的水果也作为两类分了开来。

在这个班级中,这名学生的认知能力和生活经验比其他学生要好一点。由于他在颜色的认知上已经有了深浅的概念,因此他按色系对水果进行了分类,还在同一色系中按颜色的深浅进行了再分类。看到他的表现,老师高兴地表扬了他,并让他试着将自己的分类方法与同学作了分享。

对于这一类学生,老师要对其进行针对性的引导,使其在原有的基础上得到进一步的拓展和提高。

(二) 按表面光滑度进行分类

【活动目标】

(1) 通过操作,初步掌握按表面光滑度分的分类方法。

(2) 会按表面的光滑度给水果分类。

(3) 能在操作后向同伴介绍自己的分类方法。

【活动准备】

表面光滑度差异明显的水果。如:梨、苹果、芒果、猕猴桃、菠萝等。

【注意事项】

(1) 在活动前了解学生是否理解光滑和粗糙的概念。

(2) 挑选表面光滑度差异明显的水果。

【活动过程】

活动环节	活动过程中的步骤	步骤目的
听指令找水果	听指令找到相对应的水果。	(1) 帮助学生提高水果名称与实物对应的能力。 (2) 激发学生参与活动的积极性。
感受光滑和粗糙	(1) 蒙上眼睛,通过分别触摸两个表面光滑度不同的水果,感受区别。 (2) 说说自己的感受。 建议:提供光滑度差异大的水果。	(1) 观察学生触觉的敏感度。 (2) 帮助学生感受、理解"光滑"和"粗糙"。 (3) 对学生进行接触粗糙物体的安全指导。 (4) 消除部分学生对接触粗糙物体的恐惧感。

续表

活动环节	活动过程中的步骤	步 骤 目 的
给水果按表面光滑度分类	出示各种光滑度不同的水果: (1) 触摸水果,按"光滑"或"粗糙"的提示卡,将水果分类摆放。 (2) 介绍自己是怎么分类的。	(1) 指导学生学习"按表面光滑度"进行分类的分类方法。 (2) 指导学生会"按表面光滑度"给水果分类。
延伸活动:请学生按表面光滑度给物品分类	提供各种光滑度不同的物品: (1) 将不同的物品,按"表面光滑度"进行分类。 (2) 活动后能介绍自己是按什么要求进行分类的。	(1) 引导学生带着明确的目的开展活动。 (2) 通过活动帮助学生巩固按"表面光滑度"进行分类的方法。

活动反思

在活动前测时,老师发现大部分智障学生都"不会"闭眼睛,老师要求他们闭上眼睛时,他们要么总是眼睛微微睁开一点,要么闭眼 1 秒就睁开,要么就很用力很痛苦地紧闭双眼。针对学生的这一情况,老师要求他们在视觉屏蔽状态下触摸水果时,使用了眼罩蒙眼,避免了学生因不能按照要求闭眼造成的影响。

此外,老师还发现部分学生很怕被蒙住双眼,有些甚至会产生一些不良的情绪,针对这部分学生,老师又使用了摸箱和神秘袋来达到视觉屏蔽的效果。

四、加 工 水 果

寻找与水果相关的食品

【活动目标】

(1) 知道水果不仅可以直接食用,还可以加工后食用。

(2) 能通过观察，在生活中找到用水果加工而成或含有水果成分的食品。

(3) 通过活动提高对生活的关注度。

【活动准备】

(1) 与水果相关的食品。

(2) 广告纸。

【注意事项】

(1) 指导学生寻找与水果相关食品的一些小窍门。

(2) 鼓励学生在生活场景中尝试寻找水果加工而成的食品。

【活动过程】

活动环节	活动过程中的步骤	步　骤　目　的
找出跟水果有关的食品	出示生活中常见的各种食品： (1) 通过老师的演示，理解活动要求。 (2) 找出跟水果有关的食品。 (3) 介绍自己是怎么知道这种食品是用水果加工而成的。 (如：这上面有××水果；包装上有水果图案；名称上有水果，等等。)	(1) 引导学生通过细致观察，找到水果制品。 (2) 指导学生学会一些寻找水果制品的小窍门。 (3) 培养学生的语言表达能力。
在生活场景中寻找与水果相关的食品	(1) 去超市寻找水果制品。 (2) 介绍自己找到的水果制品。	(1) 指导学生运用小窍门寻找水果制品。 (2) 帮助学生了解水果不仅可以直接食用，还可以加工后食用。

活动片段

智障学生对事物的认识往往简单、刻板。在活动的过程中，我们发现水果的原本形状被改变，比如水果被制作成糖水橘子、糖水菠萝、香蕉干等水果制品后，学生们就无法进行识别了。

根据学生遇到的困难，老师采取了以下一些措施，帮助他们认识生活中的水果制品：

(1) 引导学生看水果制品包装上的图片，以了解制作这种水果制品的主要原料。

(2) 带学生到超市等生活场景中去，了解常见的水果制品。

在通过水果制品了解了水果的其他一些形态后，老师进一步引导学生通过介绍水果制品，巩固他们对于这些常识的认识。

第三阶段　活 动 设 计

一、认 识 水 果

(一) 认识常见的进口水果

【活动目标】

(1) 能灵活应用各种感官进行观察。

(2) 认识常见的进口水果。

(3) 学习抓住事物特征进行观察、描述的方法。

(4) 能正确描述自己的观察结果,并与他人分享。

【活动准备】

(1) 进口水果及进口水果品名的字卡。

(2) 果盘、果篮等。

(3) 观察方法提示卡:眼睛看　手摸　鼻子闻　嘴巴尝

【注意事项】

(1) 提示学生水果要轻拿、轻放。

(2) 引导学生逐步养成仔细倾听和想好了再说的学习习惯。

【教学过程】

活动环节	活动过程中的步骤	步 骤 目 的
认识常见的进口水果	(1) 了解生活中有哪些常见的进口水果。 (2) 介绍可以用哪些方法观察水果。 (3) 用“看”“闻”“摸”“尝”等不同的方法,观察并介绍常见的进口水果。	(1) 引导学生关注生活中常见的进口水果。 (2) 通过活动让学生更多地认识生活中常见的进口水果。 (3) 鼓励学生向他人介绍自己知道的进口水果。
拓展内容:猜猜这是什么水果	(1) 学生闭上眼睛,通过摸一摸、闻一闻、尝一尝,然后说说这是什么水果。 (2) 观察水果切片(或核)的形状,然后说说这是什么水果。	(1) 激发学生的学习兴趣。 (2) 调动学生的各种感官参与活动。 (3) 培养学生愿意与伙伴分享自己观察结果的学习习惯。

活动片段

现在我们生活中能接触到的进口水果越来越多,但由于智障学生对于生活的关注度不高,对于那些他们不常吃的进口水果,他们还是不怎么认识。

针对学生对进口水果的认知基础,教师设计了“猜猜这是什么水果”的拓展活动,引导学生通过摸一摸、闻一闻、尝一尝,感知这些进口水果的特征,并通过观察水果切片,加深学生对这些水果的印象。

通过这些活动,学生即便没有吃过这种水果,也能在相应的情境中识别出这些水果,并说出它们的名称了。

(二) 获取水果信息

【活动目标】

(1) 能通过不同途径获取与水果相关的信息。

(2) 提高对水果的认识。

【活动准备】

(1) 选择好合适的水果店、超市。

(2) 含有进口水果图片的书、广告纸等。

【注意事项】

(1) 进行外出活动的安全、礼貌教育。

(2) 在看书和广告纸之前明确观察目的。

【活动过程】

活动环节	活动过程中的步骤	步　骤　目　的
在水果店或超市中辨认常见的水果	(1) 在水果店或超市的水果专区找到老师指定的水果。 (2) 在水果店或超市的水果专区介绍自己认识的水果。	(1) 引导学生将课堂上学习到的内容迁移到生活场景中。 (2) 在生活场景中指导学生进行进一步的学习。
找出书或广告纸上的水果	(1) 根据要求从书或广告纸上找到相应的进口水果图片。 (2) 介绍自己在书或广告纸上看到的进口水果图片。	(1) 通过活动帮助学生进一步认识不同的水果。 (2) 培养学生能带着目的去看书或广告纸的意识。

活动片段

通过一个阶段的学习,学生认识了很多种水果。老师发现他们对于水果的认识不仅是在课堂上,在生活中也可以通过各种渠道开展学习。

"这是榴莲。"

"你吃过榴莲吗?"

"没有。"

“那你是怎么认识这种水果的?”

“我在水果店看到的,超市的水果广告里也有的。”

在介绍认识的进口水果活动中,有的学生介绍了在生活中不太接触到的进口水果。他们认识这些水果的途径也各不相同,有的是通过电视广告,有的是通过网络,有的是通过超市广告宣传纸。通过活动,学生也知道了可以通过不同的信息渠道了解水果的相关信息,这些信息也能够为他们的生活提供帮助。

(三) 后测

【活动目标】

(1) 了解学生通过一个阶段的学习,对于进口水果认识现状。

(2) 通过介绍水果,了解学生语言表达能力的发展状况。

【活动准备】

(1) 常见的进口水果及相对应的进口水果图片。

(2) 联系一家供测试用的进口水果品种比较多的水果店。

【注意事项】

(1) 在条件许可的情况下,尽量去水果店进行实地测试。

(2) 每个学生单独进行测试,避免相互干扰。

【活动过程】

活动环节	活动过程中的步骤	步骤目的
辨认水果	(1) 看着老师逐个出示的水果,说出水果的名称。 (2) 看着老师逐张出示的水果图片,说出水果的名称。 (3) 从不同的进口水果中找出自己认识的进口水果,并说出名称。	了解学生经过这一阶段的学习后对进口水果的实际认识情况。

续表

活动环节	活动过程中的步骤	步 骤 目 的
将水果与图片配对	(1) 能根据实物找到相对应的图片。 (2) 能根据图片找到相对应的实物。	观察学生在实物与图片之间是否建立了一一对应的联系。
介绍一种水果	学生自己选择一种常见的进口水果,根据水果的形状、颜色、味道等特征进行介绍。(以老师或其他学生听了描述之后能猜出他描述的是什么水果为通过标准。)	(1) 了解学生能否抓住水果的特征进行描述。 (2) 与前测比较,了解学生语言能力发展状况。

二、比 较 水 果

(一) 比较两种相似的水果

【活动目标】

(1) 能运用各种感官进行观察,寻找事物间的相似点。

(2) 学习抓住事物特征的细微差异进行观察和比较。

(3) 能通过语言描述与同伴分享观察结果。

(4) 在同伴交流时愿意认真倾听。

【活动准备】

(1) 准备几种相似点比较明显的水果,如:香蕉、青蕉苹果、黄蕉苹果、桂圆、荔枝等。

(2) 果盘、果篮等。

【注意事项】

(1) 准备颜色相似和形状相似的水果。

（2）根据学生能力的差异，准备相似程度不同的观察对象。

【活动过程】

活动环节	活动过程中的步骤	步 骤 目 的
观察两种相似的水果	（1）观察两种外形相似的水果。 （2）抓住水果的特征进行观察和描述。 建议：老师可出示提示卡，提示学生观察的方法。	（1）帮助学生巩固观察、描述的方法。 （2）引导学生运用各种感官，进行细致的观察。 （3）培养学生的语言表达能力。
比较两种相似的水果	（1）根据老师提示的观察方法，观察两种相似的水果。 （2）通过找出相同点和不同点进行比较。 提示：用启发性的提问，帮助学生进行比较后的描述。	（1）在活动中引导学生进一步理解什么叫"相同点"，什么叫"不同点"。 （2）引导学生借助提示进行观察活动。
游戏（1）——听指令拿水果	学生根据指令迅速从果盘里找到相应的水果。	（1）激发学生参与活动的兴趣。 （2）帮助学生巩固对水果品名与实物对应的能力。
游戏（2）——猜猜这是什么水果	（1）蒙住眼睛，通过摸一摸，介绍自己摸到的是什么水果。 （2）蒙住眼睛，通过尝一尝，介绍自己尝的是什么水果。	（1）激发学生参与活动的兴趣。 （2）引导学生在活动中能抓住水果的特征进行判断。
延伸活动：比较两种相似的物品	出示两种相似的物品：通过找出相同点和不同点进行比较。 建议：选用学生熟悉的或喜欢的，并在生活中经常会接触到的物品	（1）帮助学生巩固理解什么叫"相同点"，什么叫"不同点"。 （2）引导学生抓住物品的"相同点"和"不同点"进行观察、描述。

活动反思

由于智力障碍学生的思维停留在具体的、直观的层面，难以直接概括出事物的基本属性，因此他们很难找出事物之间的差异。尤其是在观察差异较小的两种水果时，如外形和大小都比较相似的橘子和橙子，他们就不能很好地区别。

针对学生的这一特征，老师在“观察两种相似水果”的活动中使用了“提示卡”，通过“提示卡”让学生重点关注水果的特征，通过每种水果的特征发现不同点。让学生在活动中逐渐建立起“相同点”和“不同点”的概念，并掌握利用“不同点”来区别相似的水果的方法。

(二) 比较水果的水分

【活动目标】

(1) 结合生活经验，用不同的方法比较水果水分的多少。

(2) 学习运用各种感官，通过观察、比较，了解各种水果水分的多少。

(3) 养成尊重事实，如实填写记录单的学习习惯。

【活动准备】

(1) 水分多的水果，如：西瓜、橙。

(2) 水分少的水果，如：香蕉。

【注意事项】

(1) 尽可能选用水分差异明显的水果进行比较。

(2) 指导学生理解水分的多与少。

【活动过程】

活动环节	活动过程中的步骤	步 骤 目 的
预测	出示几种水分含量不同的水果： (1) 根据自己的生活经验，预测不同水果水分的多少。 (2) 根据自己的预测做好记录。	(1) 了解学生原有的生活经验。 (2) 指导学生填写记录单。
比较水果的水分	(1) 自己动手切水果、尝水果。 (2) 观察操作和品尝的过程。	(1) 引导学生通过自己的操作、品尝以及观察来比较不同的水果水分的多少。 (2) 鼓励学生主动把自己观察到的现象说出来。
记录与交流	(1) 根据自己的观察结果，如实填写记录单。 (2) 交流观察记录。	(1) 培养学生尊重事实、如实填写记录单的学习习惯。 (2) 指导学生填写记录单。 (3) 教学生借助记录单进行观察记录的交流。

活动片段

通过切水果和尝水果的活动，学生发现梨、菠萝等水果的水分很多，而香蕉、牛油果等水果的水分很少。在得出结论后，学生开始把自己的尝试结果填写在记录单上。但此时，老师发现有两个学生正在用橡皮使劲擦着他们的记录单，走过去一看，原来他们发现自己的预测和结果不一致，所以想将预测一栏的记录改掉。

智障学生的思维缺乏独立性和批判性，当他们发现自己的预测和结果不相符时，就容易通过修改预测记录，求得一个正确的结果。因此老师要对他们进行相应的引导,让他们树立尊重事实的意识,养成如实填写记录单的学习习惯。老师也要不断引导学生体验,知道发现也是一种收获和成功,帮助他们逐步养成关注行为过程的学习习惯。

(三) 猜猜这是什么水果

【活动目标】

(1) 通过掌握事物特征,进行正确判断。

(2) 能认真倾听同伴的交流,并乐意和同伴分享自己的观察发现。

【活动准备】

活动中需要用到的水果及水果切片。

【注意事项】

(1) 尽可能选用特征明显的水果。

(2) 指导学生正确理解活动规则,按规则开展活动。

【活动过程】

活动环节	活动过程中的步骤	步骤目的
听介绍,猜水果	(1) 老师示范介绍一种水果,请学生猜一猜这是什么水果。 (2) 指名学生看着某一种水果,用语言介绍这种水果,请其他学生猜猜他介绍的是什么水果。	(1) 引导学生逐步养成通过抓住事物的特征帮助自己进行有效记忆的学习习惯。 (2) 发展学生的语言表达能力。
品尝水果,猜名称	品尝水果,然后猜猜自己吃的是什么水果。	引导学生学会用多感官帮助自己学习。

活动片段

中重度智障学生对于水果的认识大多依赖视觉信息，多以水果的形状、颜色等来判断是什么水果。为了帮助学生进一步通过不同的感官感知水果的特征，教师设计了“喝果汁猜水果”的活动。

有些颜色相近的水果在榨成果汁后，从颜色和形态上就很难判断这是哪种水果榨成的汁，比如橙汁和菠萝汁。学生只能采用其他的方法进行观察，比如用鼻子闻，用嘴尝，通过水果的气味和味道特征来判断尝到的是什么水果榨成的汁。

三、水 果 分 类

(一) 按水分的多少进行分类

【活动目标】

(1) 通过操作，初步掌握按水分多少分的分类方法。

(2) 会按水分的多少给水果分类。

(3) 通过有明确观察目的的体验，逐步积累相关的生活经验。

【活动准备】

(1) 西瓜、葡萄、梨、猕猴桃、香蕉、木瓜、芒果等水果，每种若干个。

(2) 制作“水分多”“水分少”的提示卡。

【注意事项】

(1) 活动中尽可能选用水分差异明显的水果。

(2) 指导学生理解分类的要求。

(3) 指导学生借助提示卡开展活动。

【活动过程】

活动环节	活动过程中的步骤	步 骤 目 的
听指令找水果	出示各种水分含量不同的水果: (1) 听指令,从一堆水果中找出水分多的水果。 (2) 听指令,从一堆水果中找出水分少的水果。	(1) 帮助学生巩固了解常见水果的水分含量。 (2) 帮助学生理解本活动的活动要求。
按水分多少,给水果分类	(1) 按提示卡,将水果分类摆放。 (2) 介绍自己是怎么分的。	(1) 通过活动,帮助学生理解什么叫"按水分的多少"进行分类。 (2) 指导学生能"按水分的多少"给水果分类。 (3) 培养学生的语言表达能力。

活动片段

"这些水果你们都尝过了,能说一说哪些水果水分多,哪些水分少吗?"

"梨、橙子、西瓜的水分多,香蕉、榴莲的水分少。"

"那你们能按照水分的多少给这些水果分分类吗?"

听完老师的要求,学生开始动手给水果分类。但最终,有的学生还是按照颜色来分的。

在辅读学校的教学中,老师经常会发现这样的现象,学生有时好像明明已经掌握了一个知识,但在运用这种知识时又会频频出错。这是怎么回事呢?

智障学生思维刻板,在思考问题时缺乏明确的目的性。因此当他们遇到困难时,会习惯于用自己擅长的方法解决问题,而非进行有目的的思考。因此,老师利用记录单帮助学生进一步明确活动目的，使他们的思维过程更具目的性。同时，在记录单的帮助下，学生们也更容易将观察结果与分类活动联系起来，有利于他们记忆。

(二) 按味道进行分类

【活动目标】

(1) 通过品尝，分辨酸、甜、酸酸甜甜三种不同的味道。

(2) 初步掌握按味道分的分类方法，会按味道给水果分类。

(3) 通过体验，逐步积累相关的生活经验。

【活动准备】

(1) 不同味道的水果。

酸酸的水果，如：柠檬。

甜甜的水果，如：香蕉、桂圆。

酸酸甜甜的水果，如：苹果、橘子、葡萄。

(2) 味道提示卡：酸酸的　甜甜的　酸酸甜甜的

【注意事项】

(1) 活动中准备的“酸酸的”和“甜甜的”水果，味道要单纯。

(2) 指导学生借助提示卡开展活动。

【活动过程】

活动环节	活动过程中的步骤	步骤目的
准备活动	(1) 品尝不同味道的水果。 (2) 品尝后说说自己吃的水果是什么味道的。	(1) 帮助学生巩固对味道的认识。 (2) 引导学生正确表达自己尝到的味道。

续表

活动环节	活动过程中的步骤	步 骤 目 的
听指令找水果	听指令找到相对应的水果。	(1) 帮助学生提高水果名称与实物对应的能力。 (2) 激发学生参与活动的积极性。
按味道分水果	(1) 听指令，把相同味道的水果放在一起。 (2) 按“味道”提示卡，将水果进行分类摆放。	(1) 帮助学生巩固对“味道”的认识。 (2) 指导学生理解什么叫“按味道”进行分类。 (3) 引导学生“按味道”给水果进行分类。
延伸活动：按味道进行分类	出示各种酸的、甜的、酸酸甜甜的食物： (1) 品尝后按味道分类摆放。 (2) 介绍自己是按什么方法进行分类的。	(1) 引导学生带着明确的目的进行活动。 (2) 帮助学生掌握“按味道”进行分类的方法。 (3) 鼓励学生介绍自己使用的分类方法，进一步掌握“按味道”进行分类的分类方法。

活动反思

在按味道给水果分类的过程中发生了一个有趣的插曲。在品尝过老师提供的苹果后，很多学生将苹果分在“甜”的一类，但有一位学生却把苹果分在了“酸”的一类。在分享分类结果时，学生纷纷指出这位同学的“错误”，但这位学生坚持自己的选择。“我就是觉得这个苹果有点酸啊，没我妈妈买的甜。”

面对学生的争执，老师给出了意见：“你们都没错。”

对于味道的感知是具有个人差异的，苹果这种具有酸甜口味的水果，有些学生可能觉得它是甜的，有的学生可能认为它是酸的。当学生因为意见不统一而产生疑问时，老师首先要肯定他们尊重事实、勇于表达的精神，然后再帮助他们理解有时结果并不是唯一的，一个问题可能有多个答案。

(三) 自主选择方法进行分类

【活动目标】

(1) 能自己选择不同的分类方法进行分类。

(2) 操作后能与同伴交流自己是按什么方法进行分类的。

【活动准备】

(1) 各种各样的水果，每种若干个。

(2) 分类用的盘子数个。

(3) 分类指示牌。

【注意事项】

(1) 开展活动时提供的水果数量要根据学生能力的差异来安排。

(2) 提供的水果要有利于学生采用不同的方法进行分类。

【活动过程】

活动环节	活动过程中的步骤	步 骤 目 的
根据要求找水果	根据要求找到相对应的水果。 (1) 找出特定颜色的水果。 (2) 找出“水分多”或“水分少”的水果。 (3) 找出表面“光滑”或“粗糙”的水果。	(1) 帮助学生巩固对“颜色”“味道”“水分多少”“表面光滑度”等概念的理解。 (2) 帮助学生回顾学过的几种分类方法，为下面的活动做好充分准备。 (3) 激发学生参与活动的积极性。

续表

活动环节	活动过程中的步骤	步骤目的
自主分类	(1) 自己选择分类方法对水果进行分类。 (2) 分类后用语言介绍自己是用什么方法进行分类的或找到相应的指示牌对应摆放。 建议：鼓励学生用尽可能多的方法进行分类。	(1) 观察学生是否真正理解分类概念。 (2) 了解学生分别掌握了多少种分类方法。 (3) 引导学生尽力展示自己的能力。
延伸活动：选用不同物品，请学生自己进行分类	(1) 对不同的物品，自主进行分类。 (2) 活动后介绍自己是按什么方法进行分类的。	(1) 指导学生带着明确的目的进行活动。 (2) 帮助学生熟练掌握不同分类方法。 (3) 培养学生的语言表达能力。

活动反思

在我们的活动过程中常常会出现这样的情况：学生说要这样做，结果却会那样做；或者能做得很好，却不能用语言进行描述。这种情况的出现往往是由于以下两个原因：

(1) 智障学生做事缺乏目的性和计划性，因此常常出现言行不一致的情况。

(2) 学生的思维活动较为简单、直观，很难用语言来归纳自己的思维过程。

针对学生的这些现状，老师在“用任意方法对水果进行分类”的活动中运用了“提示卡”。让学生先根据自己预想的分类方法选择相应的提示卡，然后再进行分类，最后在“提示卡”的提示下对自己的分类过程进行归纳。这样，在提示卡的作用下，学生们更容易理清自己的思维，有计划地完成活动，并在提示下用语言进行归纳。

(四) 按要求进行分类

【活动目标】

(1) 能操作实物,用不同的分类方法进行分类。

(2) 学会操作多媒体课件进行分类活动的巩固练习。

【活动准备】

(1) 各种水果、果盘。

(2) 多媒体课件——分水果。

【注意事项】

(1) 课件的制作要操作简单,灵活多变。

(2) 课件的制作必须要有错误控制,便于学生单独操作。

(3) 对操作电脑有困难的学生可采用结对形式进行活动。

【活动过程】

活动环节	活动过程中的步骤	步　骤　目　的
分实物	(1) 根据要求将水果进行分类。 (2) 与同伴交流自己是怎么分的。	(1) 检验学生是否真正理解了什么叫分类。 (2) 帮助学生巩固用不同的分类方法进行分类。 (3) 结合操作,培养学生的语言表达能力。
指导多媒体课件的使用方法	(1) 仔细观看老师演示课件的使用方法。 (2) 学习使用多媒体课件开展分类活动。	(1) 指导多媒体课件的使用。 (2) 激发学生的学习兴趣。

续表

活动环节	活动过程中的步骤	步骤目的
操作电脑进行分水果的活动	学生独立操作电脑进行分类活动。 提示：将此多媒体课件作为游戏课件，让学生在课间或课后进行操作，老师巡回指导。	(1) 借助多媒体课件，帮助学生通过课外延伸进一步巩固掌握课堂学习的内容。 (2) 利用课件制作可以设定错误控制的优势，培养学生独立活动的能力。

活动反思

在本阶段的活动中老师运用了多媒体的手段。通过实践，我们发现在"做中学"活动中有效使用多媒体课件不仅能激发学生的学习兴趣，也能打破教学的时空限制，让学生不仅在课堂上，也能在家里通过操作进行分类活动。另外，通过老师和家长的指导，同时利用课件可以设定错误控制的优势，学生还可以较独立地进行自主学习，可以根据老师在课堂上提出的某些具体要求自己进行预习或者复习，使课堂活动效果得到进一步巩固。

四、加 工 水 果

(一) 榨果汁

【活动目标】

(1) 知道水分多的水果适合榨果汁。

(2) 能找出水分多的水果。

(3) 会使用工具自己榨果汁。

(4) 乐意和别人一起分享自己的劳动成果。

【活动准备】

(1) 不同的水果。

(2) 榨汁机、刀等榨果汁需要的工具。

【注意事项】

(1) 进行相关的安全教育。

(2) 引导学生在活动中学会合作与分享。

【活动过程】

活动环节	活动过程中的步骤	步　骤　目　的
示范操作	(1) 仔细观看老师的示范操作。 (2) 部分学生在老师指导下学习操作。	(1) 指导学生学习榨汁机的使用方法。 (2) 结合操作，对学生进行安全教育。
尝试加工	(1) 自己选择准备榨果汁的水果。 (2) 动手榨果汁。 (3) 与同伴比较果汁的多少。 (4) 分享果汁。	(1) 指导学生学习使用榨汁机，尝试自己动手榨果汁。 (2) 引导学生通过比较发现不同的水果榨出的果汁多少是不同的。 (3) 培养学生养成和他人分享自己劳动成果的生活习惯。
师生交流	(1) 讨论为什么同样分量的水果，榨出的果汁有多有少？ (2) 推荐自己觉得适合榨果汁的水果。	引导学生关注到水果水分的多少决定了榨出果汁的多少。知道榨果汁应尽量选用水分多的水果。

活动片段

"今天我们的任务是榨果汁。你们可以在桌上任选一种水果榨取果汁,然后你们可以将榨出来的果汁给同伴分享。"

面对桌上品种繁多的水果,学生们很兴奋,在进行了一番选择后,各自拿了一种水果等待榨汁。

有的学生选择了梨,结果他榨出了满满一杯的梨汁,拿着这杯梨汁,他高兴极了。

有的学生选择了苹果,他榨出来了大半杯苹果汁,也很高兴。还有个学生选择了香蕉,结果他只得到了杯底里一点点的香蕉泥。到了分享的环节,那个选择用香蕉榨汁的学生看着自己的杯子,显然很沮丧。

其实在前期的活动中,学生们通过多种活动的体验,已经知道哪些水果的水分多,哪些水果的水分少。但是到了榨果汁的时候,还是有学生会选择水分少的香蕉来榨汁。这是为什么呢?智障学生由于受到认知能力的限制,他们对于活动目的与行为之间的关系并不理解,在做一件事前往往受个人喜好的左右,而不考虑行为可能的结果。

通过这次活动,学生对于用水分多的水果可以榨出更多的果汁这一生活常识有了深刻的体验,就是那位特别偏爱香蕉的学生,只要是榨果汁的活动,他也不再选香蕉了。

(二) 做水果奶昔

【活动目标】

(1) 会使用工具制作水果奶昔。

(2) 通过体验,知道几种比较适合做水果奶昔的水果。

(3) 乐意和别人一起分享自己的劳动成果。

【活动准备】

(1) 不同的水果。

(2) 牛奶。

(3) 搅拌机、刀等做水果奶昔需要的工具。

【注意事项】

(1) 进行相关的安全教育。

(2) 引导学生在活动中学会合作与分享。

【活动过程】

活动环节	活动过程中的步骤	步　骤　目　的
示范操作	(1) 仔细观看老师的示范操作。 (2) 部分学生在老师指导下学习操作。	(1) 指导学生学习搅拌机的使用方法。 (2) 结合操作进行安全教育。 (3) 引导学生了解做奶昔和榨果汁最大的区别。(做奶昔要去皮去核,只保留果肉进行再加工。)
尝试加工	(1) 各自选择准备做水果奶昔的水果。 (2) 动手制作水果奶昔。 (3) 分享水果奶昔。	(1) 指导学生学习使用搅拌机,尝试自己动手做水果奶昔。 (2) 引导学生通过比较发现不同的水果做出的奶昔口感差别很大。 (3) 培养学生学习和他人分享自己劳动成果的生活习惯。
师生交流	(1) 交流做水果奶昔和榨果汁在操作上有哪些区别。 (2) 推荐自己觉得适合做奶昔的水果。	引导学生理解做奶昔尽量要选用水分少、容易去皮、去核(籽)的水果。并知道几种比较适合做水果奶昔的水果。

活动片段

由于智障学生受认知水平和动手能力的限制，导致家长在生活中往往会严格限制学生接触刀一类带有一定危险性的工具。家长的保护意识在一定程度上阻碍了学生在使用工具方面能力的发展。

在这次制作奶昔的活动中，需要用到刀、搅拌机等一些必需的工具。老师在对学生进行充分的安全教育、前期相关技能训练后，让学生自己尝试使用刀、搅拌机来制作奶昔。这不仅对学生的动手能力进行了一定的训练，也在一定程度上增强了学生的自信心，让他们觉得自己也能运用一些工具做一些他们原本没有机会做的事情，而这些事情又是能为提高他们日后的生活质量提供帮助的。

通过几次反复的操作活动，学生已经能够在老师的关注下较为独立地使用工具了。

(三) 做水果色拉

【活动目标】

(1) 知道做水果色拉需要准备的材料。

(2) 尝试自己动手做水果色拉。

(3) 乐意和别人一起分享自己的劳动成果。

【活动准备】

(1) 不同的水果。

(2) 色拉酱。

(3) 刀、砧板、盘子等做水果色拉需要的工具。

【注意事项】

(1) 进行相关的安全教育。

(2) 引导学生在活动中学会合作与分享。

【活动过程】

活动环节	活动过程中的步骤	步　骤　目　的
示范操作	(1) 仔细观看老师的示范操作。 (2) 部分学生在老师指导下学习操作。	(1) 让学生了解做水果色拉的基本方法。 (2) 结合操作对学生进行安全教育。
尝试加工	(1) 各自选择准备做水果色拉的水果。 (2) 动手制作水果色拉。 (3) 分享水果色拉。	(1) 指导学生尝试自己动手做水果色拉。 (2) 引导学生通过比较发现不同的水果做出的色拉口感差别很大。 (3) 培养学生在操作中根据自己的能力与伙伴分工合作的学习习惯。 (4) 培养学生养成乐意与他人分享自己劳动成果的生活习惯。
师生交流	(1) 尝试说一说什么水果不适合做水果色拉？为什么？ (2) 推荐自己觉得适合做色拉的水果。	引导学生理解做色拉尽量要选用容易去皮、去核(籽)的水果，并知道几种比较适合做水果色拉的水果。

活动片段

“老师，用葡萄做水果色拉不好。”

“为什么呢?”

“葡萄皮很难剥的，而且葡萄还有籽。”

在一次制作水果色拉的活动中，一位学生结合自己的实践体验，发现葡萄不适合被选为制作水果色拉的原料。

通过几个阶段的活动，学生们对水果的认识更加全面了，不仅了解了水果的外观、味道、水分特征等，还在实践过程中通过不断地尝试和体验，对水果的特征有了更为综合的认识，发现了不同的加工方式要选用不同的水果，知道了在制作水果制品时要综合考虑味道、便捷性、视觉效果等多种因素。

五、巧用水果

水果的妙用

【活动目标】

(1) 了解水果在生活中的一些特殊用处。

(2) 逐步增加生活常识的积累。

(3) 愿意分享自己积累的生活经验，愿意倾听同伴的发言。

【活动准备】

(1) 视频资料。

(2) 网络。

(3) 可操作的实物。

【注意事项】

(1) 选择几种操作简便、立时见效的方法请学生当堂操作。

(2) 通过不同的途径帮助学生了解更多的知识。

【活动过程】

活动环节	活动过程中的步骤	步骤目的
集中话题	结合自己的生活经验，尝试说说水果除了好吃，还有什么作用？ 提示：老师也结合自己的生活经验跟学生一起交流。	(1) 了解学生现有的生活经验。 (2) 激发学生的学习兴趣。

续表

活动环节	活动过程中的步骤	步　骤　目　的
生活体验	(1) 苹果皮的妙用。 方法：拿一把鲜苹果皮，捣烂成泥，包在抹布里擦拭旧的不锈钢碗。 结果：暗淡无光的不锈钢碗，很快光亮得像新的一样。 (2) 柚子皮的妙用。 方法：把柚子皮放入锅中加水煮一会儿，然后倒入散发出异味的水斗(马桶)里，过一会儿冲水。 结果：水斗(马桶)异味完全消失。	(1) 通过动手体验，感受水果的一些其他用途。 (2) 激发学生的探究兴趣。
学习通过不同的途径了解信息	(1) 尝试通过网络搜索相关知识。 (2) 观看视频资料，了解更多相关知识。	(1) 扩大学生的视野，引导学生关注生活。 (2) 帮助学生积累生活小常识。

活动片段

老师在课堂上播放了一段视频：一个学生的妈妈把剥下来的橘子皮放进了冰箱。

“你们知道她为什么要把橘子皮放进冰箱吗?”

“橘子皮可以去异味。”

“水果除了好吃以外还有很多其他的功用，你们都知道哪些呢?”

……

在我们的“做中学”课堂中，除了教会学生一些日常生活的知识外，我们还要不断帮助学生积累生活经验，拓展他们的思路，让他们了解一些可以为日常生活服务的生活小窍门。在实际的活动中，学生对这些知识非常感兴趣，而且通过家长反馈，我们也了解到学生通过学习，已经开始有意识地将这些知识运用到实际生活中去。

六、后　测

【活动目标】

(1) 了解学生通过一系列的活动后对常见水果的认识程度。

(2) 通过介绍水果，了解学生语言表达能力的发展情况。

(3) 了解学生观察、比较、分类的能力水平。

【活动准备】

(1) 各种水果及相对应的水果图片。（包括部分进口水果）

(2) 若干个供分类操作使用的果篮。

【注意事项】

每个学生单独进行测试，避免相互干扰。

【活动过程】

活动环节	活动过程中的步骤	步　骤　目　的
辨认	(1) 看着老师逐个出示的水果，说出水果的名称。 (2) 看着老师逐张出示的水果图片，说出水果的名称。 (3) 从这些水果中拿出自己认识的水果，并说出名称。	了解学生通过《水果》模块的学习，真正认识了其中哪些水果。
分类(1)	出示：菠萝、香蕉、西瓜、红提、青提。 (1) 根据老师明确的要求进行分类。（提示语，如：请你按颜色给这些水果分类。）	(1) 观察学生是否能按要求进行分类。 (2) 观察学生会用多少种方法进行分类。

续表

活动环节	活动过程中的步骤	步　骤　目　的
分类(1)	(2) 尝试用刚才没有用过的其他方法进行分类。(提示语:你还有其他方法给这些水果分类吗?) (3) 自主分类。(提示语:你能给这些水果分类吗?)	(3) 了解学生能否用语言正确地介绍自己的分类方法。
分类(2)	出示:不同形状、不同材质的积木。 (1) 自主分类。 (2) 介绍自己是怎么分的,为什么这么分。	(1) 测试学生是否真正理解了什么叫分类。 (2) 了解学生知识迁移的情况。
描述	分别出示:香蕉、菠萝。 (1) 介绍老师提供的水果。(提示语:请你介绍一下这个水果。) (2) 在老师提问下描述水果。 提问: (1) 它是什么形状的? (2) 它是什么颜色的? (3) 用手摸一摸,有什么感觉? (4) 用鼻子闻一闻,有没有气味? (5) 你知道它可以怎么吃吗?	(1) 了解学生能否正确、简单地描述自己看到的水果。 (2) 根据学生能力的差异选用不同的方式进行测试。
比较	出示:桂圆、西瓜。 说说这两种水果的异同。(提示语:请你说说这两种水果有什么相同点,又有什么不同点?)	(1) 了解学生是否正确理解"相同点"和"不同点"。 (2) 能否通过细致的观察找出"相同点"和"不同点"。 (3) 观察学生是否能将自己观察到的内容用语言进行正确描述。

活动片段

在本模块最后阶段的学习中，老师要求学生尝试用各种方法对水果进行分类。在分类过程中，老师惊奇地发现，学生除了会用课堂上曾经学习过的一些分类方法对水果进行分类以外，还有学生竟然能按照家人的喜好把水果进行了分类。

通过水果分类的教学，学生掌握了多种分类的方法，并能将这些方法与生活中学到的其他方法结合，进行融会贯通的运用。在分类能力得到提高的基础上，智障学生对于自己生活计划与管理的意识和能力也会有一定的提高，这对他们以后的生活会有很大帮助。

认识自己

“认识自己”活动模块的设计，主要是引导中度智障学生认识自己的身体，知道身体的不同组成部分及主要感觉器官；体验人体主要组成部分的作用及重要性；学会运用不同感官感知事物的属性，解决生活中的相关问题；知道在日常生活中要学会保护自己，关爱他人。

活动目标

【概念】

● 人体的主要组成部分。

● 人体的感觉器官。

【探究能力】

● 通过活动,体验人体主要组成部分的作用及重要性。

【科学态度】

● 尊重事实,独立思考,正确表达自己的预想和体验的感受。

【社会交往能力】

● 与他人分享自己的体验感受。

● 学会保护自己,关爱他人。

【语言能力】

● 掌握一些关键词汇,如:头(口、鼻、耳、眼)、颈、躯干、四肢;看、闻、听、尝、摸等。

活动安排

	第 一 阶 段	第 二 阶 段	第 三 阶 段
认识身体	(1) 前测：了解学生的学习基础。 (2) 找一找：认识人体主要组成部分。 (3) 贴一贴：了解人体主要组成部分的分布位置。 (4) 说一说：初步了解口、鼻、耳、眼、手、脚的作用。	画一个人：巩固认识人体的组成部分。	——
运用感官	(1) 眼睛的本领：初步认识眼睛的作用。 (2) 口、鼻、耳的本领：初步认识口、鼻、耳的作用。 (3) 手、脚的本领：初步认识手、脚的作用。	(1) 听听这是什么发出的声音：进一步认识耳朵的作用。 (2) 感知冷热：知道运用不同的方法观察物体的冷热。 (3) 介绍水果：运用多种感官观察水果并能描述。	(1) 声音传递的信息：体验声音带给我们的不同感受。 (2) 猜猜这是什么？(一) 运用口、鼻、眼观察液体，帮助解决生活中的实际问题。 (3) 猜猜这是什么？(二) 运用口、鼻、眼观察固体，帮助解决生活中的实际问题。 (4) 猜猜这是什么？(三) 运用触觉感知事物特征，并解决生活中的实际问题。

续表

	第一阶段	第二阶段	第三阶段
保护感官	——	(1) 少了它行吗？(一)体验口、鼻、耳、眼的重要性。 (2) 少了它行吗？(二)体验手、脚的重要性。	(1) 保护眼睛：掌握保护眼睛的基本方法。 (2) 保护口、鼻、耳：掌握保护口、鼻、耳的基本方法。 (3) 保护手、脚：掌握保护手、脚的基本方法。

第一阶段 活动设计

一、认识身体

(一) 前测

【活动目标】

了解学生对“认识自己”的学习基础。

【活动准备】

(1) 穿衣模特。

(2) 人体平面图。

【注意事项】

(1) 每个学生单独测试,避免相互干扰。

(2) 测试要全程摄像,并做好相应的文字记录。

【活动过程】

活动环节	活动过程中的步骤	步骤目的
摸一摸	根据老师的指令,摸一摸自己身上相应的部位。	了解学生认识自己身体主要组成部分的学习基础。
指一指	根据老师的指令,指出人体模型(或人体平面图)上相应的部位。	了解学生认识人体主要组成部分的学习基础。
画一画	(1) 画一个人。 (2) 介绍自己画的人由哪些部分组成。	了解学生认识人体主要组成部分分布位置的学习基础。

活动反思

一开始,老师使用了学校教育中常用的人体解剖模型,结果发现学生很难从模型中观察到老师希望学生关注到的人体的主要组成部分,而是被一些感官的颜色、奇特形状所吸引。第二次观察时,老师用穿衣模特替换了人体解剖模型,发现学生能较容易观察到人体的主要组成部分。

智障学生由于身心方面存在缺陷,导致了其感知觉速度缓慢,范围狭窄,从而使其视知觉容量小,观察缺乏目的性且易受无关刺激干扰。因此,老师在选择教学具时,一定要考虑教学具的适用性,使其更符合智障学生的认知特征。

(二) 找一找

【活动目标】

(1) 认识人体主要组成部分。

(2) 提高对自己身体的了解,学会关爱自己。

【活动准备】

(1) 人体主要组成部分的图卡。

(2) 穿衣模特或人体平面图。

【注意事项】

(1) 在活动中注意安全,尤其是指认头部各感官时,提示学生动作要轻柔。

(2) 人体主要组成部分的图卡。

【活动过程】

活动环节	活动过程中的步骤	步　骤　目　的
根据图卡,找到身体相应的部位	借助老师出示的人体主要组成部分图卡的提示,在人体模型上找出相应的部位。	在具体情境中指认五官,帮助学生对五官的认识从认识局部过渡到整体。

续表

活动环节	活动过程中的步骤	步骤目的
根据口令,找到身体相应的部位	根据老师说出的人体各部分名称,在人体模型上找出相应的部位。	帮助学生在“人体各部位名称”和图示间建立一一对应的关系。
介绍人体主要组成部分的名称	独立(或在老师指出人体模型的某一部分时)介绍人体主要组成部分的名称。	通过活动让学生正确命名人体主要组成部分。

活动片段

老师拿出一张颈部的图卡,要求学生在人体模型上找出颈部,学生很快就找到了。

老师又指着人体模型上的颈部问学生:“这是什么?”

学生看着图片上的颈部,又点点自己的颈部,但就是回答不了老师的问题。

老师又提问:“图上的颈部在哪里?”

学生很快就指出了图中颈部的位置。

智障学生的语言能力与其智力水平有直接的关系,尤其是低年级的学生,由于其储词量少,因此在看到颈部的图卡时,他们很难将形象的图卡与抽象的概念名称联系起来。因此,老师设计了根据口令提示找身体相应部位和介绍人体主要组成部分名称的活动,帮助学生在形象与概念之间建立联系,进一步巩固对人体主要组成部分的认识。

(三) 贴一贴

【活动目标】

(1) 了解头(口、鼻、耳、眼)、颈、躯干、四肢在人体的分布位置。

（2）学习尊重他人，愿意和同伴合作完成任务。

【活动准备】

（1）人体主要组成部分的图卡。

（2）一张人体平面图。

（3）一张人体头部轮廓的平面图。

【注意事项】

（1）允许学生犯错，鼓励学生自己发现问题，并作合适的调整。

（2）学生观察时，引导他们从上往下有序观察。

【活动过程】

活动环节	活动过程中的步骤	步骤目的
听指令，指认人体各组成部分	听指令，在人体平面图上指出相对应的组成部分。 建议：两人一组（师生或生生），一人发指令一人操作，两人交替。	帮助学生强化认识人体主要组成部分。
贴一贴	（1）尝试将人体主要组成部分的图卡组合成一个人体平面图。 （2）在老师提供的头部轮廓图中贴上口、鼻、耳、眼。 （3）在老师提供的头部轮廓图中找出缺少的感官，并找到该感官图卡贴到相应的位置。 建议：每次贴好后可与图或人进行比对	（1）让学生进一步认识人体主要组成部分的分布位置。 （2）帮助学生强化认识口、鼻、耳、眼在头部的分布位置。

活动反思

在教学中我们发现，虽然学生已经知道我们的身体由哪些部分组成，但面对缺失了一到两种主要组成部分的人体头部轮廓图时，学生们还是显得很茫然，无法找出缺失的感官。

经过观察老师发现，学生在寻找缺失的人体组成部分时缺乏观察策略，找的时候没有目的性和规律性。因此老师引导他们用从上到下、从左到右依次观察的方法，这样学生更容易找出缺失的部分。

经过两到三次的尝试，学生们逐渐掌握了这种观察方法，能又快又准地找出人体头部轮廓图中缺失的感官。

(四) 说一说

【活动目标】

(1) 初步了解口、鼻、耳、眼、手、脚的作用。

(2) 提高对自己身体的了解，学会关爱自己。

【活动准备】

集体记录单。

【注意事项】

(1) 引导学生倾听他人发言。

(2) 记录学生表达的内容。

【活动过程】

活动环节	活动过程中的步骤	步骤目的
介绍口、鼻、耳、眼、手、脚的作用	介绍自己的口、鼻、耳、眼、手、脚各有什么作用。 建议：请学生逐个回答，相互补充，老师帮助记录，并归类整理。	了解学生对口、鼻、耳、眼、手、脚作用的认识基础，为后面的活动设计提供依据。

活动片段

师：眼睛有什么作用？

生：看电视。

生：看书。

师：鼻子有什么作用？

生：闻气味。

师：还有其他作用吗？

生：……

通过测试老师了解到：学生对于口、鼻、耳、眼、手、脚作用的认识只是停留在一些具体的事件上，不能对其功能进行概括。这一测试结果为老师制定下阶段的活动目标、设计活动内容提供了依据。

二、运用感官

(一) 眼睛的本领

【活动目标】

(1) 初步了解眼睛的作用。

(2) 能借助活动体验，与他人分享自己的感受。

【活动准备】

(1) 五官的图卡。

(2) 不同颜色的物品。

(3) 学生喜欢吃的一些食物等。

【注意事项】

（1）设计的活动要来源于学生的日常生活。

（2）设计的活动要突出“眼睛”的不可替代性。

【活动过程】

活动环节	活动过程中的步骤	步骤目的
辨认五官的图卡	（1）听指令找到相应的五官图卡。 （2）看图卡正确命名。	帮助学生巩固认识五官。
蒙眼活动	在蒙眼状况下开展： 寻找指定颜色的物品；“猜猜是谁在敲门”等活动。	帮助学生理解有些事没有眼睛是无法完成的，知道眼睛是非常重要的。
寻找完成活动用到的五官图卡	（1）寻找指定颜色的物品。 （2）说出图片上物品的名称。 提示： （1）老师设计的任务必须要用眼睛才能完成。 （2）任务后引导学生说说用到了什么感官，并找到图卡。	（1）引导学生根据活动规则进行活动。 （2）引导学生在活动中初步了解眼睛的作用。

活动片段

老师将一个学生的眼睛蒙起来，然后将一块绿色的积木递到他手里，问：“你能说出这块积木是什么颜色的吗？”

学生迟疑了一会儿，回答说：“红色的。”

老师让学生解下眼罩，然后再问：“这块积木是什么颜色的？”

“绿色的。”

“可刚才你怎么会说成是红色的呢？”

“刚才眼睛被蒙住了，看不到，我猜的。”

为了让学生明白眼睛的不可替代性，老师设计了蒙眼活动，让他们在一系列的活动中认识到事物的一些特性，如颜色，只有通过眼睛才可以感知到。同时，也让学生在活动中体会到没有眼睛会给学习、生活带来很多不便，使他们进一步认识到保护眼睛的重要性。

(二) 口、鼻、耳的本领

【活动目标】

(1) 初步了解口、鼻、耳的作用。

(2) 能借助活动体验，与他人分享自己的感受。

【活动准备】

(1) 五官的图卡。

(2) 录音。

(3) 不同气味、不同口味的食品。

【注意事项】

(1) 设计的活动要来源于学生的日常生活。

(2) 设计的活动要突出"口、鼻、耳"的不可替代性。

【活动过程】

活动过程	过程中的步骤	步骤目的
辨认五官的图卡	(1) 听指令找到相应的五官图卡。 (2) 看图卡正确命名。	帮助学生巩固认识五官。
了解"口、鼻、耳"的作用	连线配对： 耳　　　吃东西、呼吸。 口　　　闻气味、呼吸。 鼻　　　听声音。	帮助学生将口、鼻、耳及其主要作用对应起来，知道口、鼻、耳是非常重要的人体器官。

续表

活动过程	过程中的步骤	步　骤　目　的
寻找完成活动用到的感官图卡	(1) 辨别味道。(尝) (2) 辨别气味。(闻) (3) 猜猜这是谁(什么)。(听) 活动提示: (1) 老师设计的任务必须要用口、鼻、耳才能完成。 (2) 任务后引导学生说说用到了什么感官,并找到图卡。	(1) 引导学生根据活动规则进行活动。 (2) 引导学生在活动中初步认识口、鼻、耳的作用。

活动片段

老师播放了一段动物叫声的录音。

师:你们听见了什么?

生:小狗在叫。

师:你们用身体上的哪个器官听到的?

生:用耳朵。

老师在空气中喷了一点花露水。

师:你们闻到了什么?

生:香味。

师:你们用身体上的哪个器官闻到的?

生:用鼻子。

……

为了让学生更直观地体验,教师设计了很多活动。通过这些活动,生活中一些常见又容易被忽略的场景得到了凸显,帮助学生更清晰地了解各器官的功能。

(三) 手、脚的本领

【活动目标】

(1) 初步了解手和脚的作用。

(2) 能借助活动体验，与他人分享自己的感受。

【活动准备】

(1) 人体主要组成部分的图卡。

(2) 豆子、珠子、球、衣服等。

【注意事项】

(1) 设计的活动要来源于学生的日常生活。

(2) 设计的活动要突出“手、脚”的不可替代性。

【活动过程】

活动环节	活动过程中的步骤	步 骤 目 的
辨认手、脚的贴图	(1) 从人体主要组成部分的图卡中找出手或脚的图卡。 (2) 根据图卡命名。	强化认识手和脚。
体验“手、脚”的作用	开展活动： (1) 抓豆。 (2) 分珠子。 (3) 踢球。 (4) 跳格子。	通过活动帮助学生把手、脚及其主要的作用对应起来，知道手和脚各自有不同的用处，都非常重要。
寻找完成活动用到的身体部位的图卡	(1) 穿衣服。 (2) 踩影子。 活动提示： (1) 老师设计的任务必须要用手、脚才能完成。 (2) 任务完成后，引导学生说说用到了人体哪一个部位，并找到图卡。	(1) 引导学生根据活动规则进行活动。 (2) 引导学生在活动中初步认识手、脚的作用。

活动反思

智障学生思维长期停留在直观形象阶段，概括水平低。因此，当老师问到手脚的功能这一开放性的问题时，学生们很难回答。针对学生的这一思维特征，老师设计了抓豆子、踢球等活动，让学生在活动中形象地了解手脚的作用，并通过适当的引导，帮助他们进行知识的综合，总结出手脚的功能。

在活动中对智障学生进行一定的思维训练，可以帮助学生提高观察生活、解决问题的能力，能为其之后进入社会生活提供支持。

第二阶段　活动设计

一、认识身体

画一个人

【活动目标】

(1) 巩固认识人体的组成部分。

(2) 逐步养成仔细倾听、大胆表达的学习习惯。

【活动准备】

记录单。

【注意事项】

(1) 提示学生抓住人的基本特征画简笔画。

(2) 引导学生仔细倾听他人的介绍。

【活动过程】

活动环节	活动过程中的步骤	步骤目的
准备活动	(1) 辨别简笔画的笑脸和哭脸，并说说判断的理由。 (2) 说说画一个人关键要画出哪些主要组成部分。	进行操作前的指导，帮助学生正确理解哪些主要组成部分是画一个人的关键。
画人	每个学生自主画一个人。	了解学生对人体主要组成部分分布位置的认识还存在哪些问题。

续表

活动环节	活动过程中的步骤	步　骤　目　的
介绍自己的画	引导学生展示自己的画，并进行简单介绍，其他学生仔细倾听，共同观察。例：这是头、眼睛、鼻子、嘴巴、身体、手、脚。	巩固对人体主要组成部分以及分布位置的认识。

活动反思

在画人的活动中老师发现学生主要会出现以下两种问题：

(1) 人体主要组成部分的缺失。大多数的学生画的人没有颈部，个别学生的画上缺少耳朵或鼻子。

(2) 人体主要组成部分位置的错位。因为有些部位的缺失，导致有些相关部位不知道画到哪里去，比如没有画出身体的学生，就直接将手臂画在了脑袋上。

分析学生出现这些问题的原因，一是由于他们对人体主要组成部分还不是很熟悉；二是他们对人体主要组成部分具体的分布位置认识不够，不能感知到各部位之间的关系。为了帮助他们更好地理解各部位的位置关系，老师为学生搭建学习的脚手架——设计了“比对”活动，引导学生通过将自己的作品与人体平面图进行比对，寻找自己(同伴)的画存在的问题，从而进一步认识人体的主要组成部分及分布位置。

二、运 用 感 官

(一) 听听这是什么发出的声音

【活动目标】

(1) 通过操作发现不同的物体振动后会发出不同的声音。

(2) 通过活动,进一步认识耳朵的作用。

(3) 愿意自己动手尝试,愿意和他人分享自己的发现。

【活动准备】

(1) 一些学生熟悉的打击乐器。

(2) 几个相同的、不透明的酸奶瓶子。

(3) 沙子、豆子、米若干。

【注意事项】

(1) 提示学生在活动时保持安静。

(2) 指导学生遵循规则进行活动。

【活动过程】

活动环节	活动过程中的步骤	步　骤　目　的
制造声音	各自尝试让手中的物体发出声音。	帮助学生借助操作,理解声音是由物体振动产生的。
听声音	逐个用自己的方法让手中的物体发出声音,大家仔细听。	(1) 引导学生发现声音各不相同。 (2) 引导学生发现不同的物体能发出不同的声音,同一物体也能发出不同的声音。

续表

活动环节	活动过程中的步骤	步骤目的
分辨声音	(1) 熟悉各种乐器发出的声音。 (2) 蒙上眼睛,听声音辨别是哪一种乐器发出的声音。	引导学生根据声音辨别发音的物体,建立声音和发音物体一一对应的关系。
延伸活动:听声音,分辨物品	(1) 了解操作用的物品:瓶子里分别装了沙子、米、豆子。 (2) 摇晃瓶子,听声音,分辨瓶子里装的是什么。 (3) 开瓶盖验证猜想。	(1) 借助操作让学生知道,不同的物品装入相同的容器,振动后发出的声音也是不同的。 (2) 引导学生尝试通过记忆声音的特征,听声音分辨物品。

活动片段

老师拿出了三种物品,分别是沙子、米和豆子,先引导学生通过用眼睛看来辨别这三样物品;然后老师把这三种物品装进了瓶子,再问学生每个瓶子里装的是什么。

学生们先是看了看瓶子,然后有学生尝试拿起瓶子摇晃了几下,瓶子发出了声音。学生又尝试去摇晃其他两个瓶子,听到瓶子发出来的是与刚才不同的声音。在反复摇晃瓶子的过程中,有的学生就开始猜:"这里装的是沙子,这是豆子……"

在这个活动中,学生虽然说不出自己是怎样辨别出瓶子里装的东西的,但事实上他们已经可以通过声音辨别不同的物品。在后续的活动中,他们还能通过听来辨别瓶子里物品的多少。

(二) 感知冷热

【活动目标】

(1) 尝试用多种感官去感受冷和热,并正确区分冷和热。

(2) 会将物品按冷、热进行分类。

(3) 能借助活动体验,与他人分享自己的感受。

【活动准备】

(1) 一个装热水的瓶子,一个装冷水的瓶子。

(2) 一次性杯子若干。

(3) 一个加热过的电暖宝、一个没有加热过的电暖宝。

(4) 三个热的白煮蛋,三个冷的白煮蛋。

【注意事项】

(1) 活动材料的准备要有利于学生将注意力集中在老师所要引导观察的知识点上,而不要被材料本身分散太多注意力。(例:冷的材料。如老师准备的是苹果之类的水果,学生的注意力往往容易被水果本身所吸引,想吃或直接叫出这种水果的名称。)

(2) 结合不同的实物进行安全教育和生活常识的教育。

(3) 在活动中要引导学生先观察和思考,再说或者再操作。

【活动过程】

活动环节	活动过程中的步骤	步　骤　目　的
搬运物品——手触摸分辨冷热	(1) 帮助老师把预先准备好的物品搬到指定的地点。 (2) 说出自己的发现,吸引其他学生也去摸一摸,验证自己的感受。	(1) 引导学生把搬运物品时手接触到物品的感觉说出来,愿意参与活动,验证他人的感觉,通过触摸充分体验冷、热。

续表

活动环节	活动过程中的步骤	步骤目的
搬运物品——手触摸分辨冷热		(2) 让学生知道通过手的触摸可以感受冷、热。
品尝——嘴巴感受冷热	(1) 品尝冷的和热的食物。 (2) 说说自己的感受。	(1) 引导学生使用不同的感官体验冷、热。 (2) 让学生知道通过品尝也可以感受冷、热。
观察——眼睛看，区分冷热	(1) 用眼睛观察一杯冷水和一杯热水。 (2) 说说自己区别冷和热的理由。 (3) 用其他感官去验证。	(1) 让学生知道分辨冷热有很多种方法。引导学生结合自己的生活经验进行观察，抓住特征进行判断。 (2) 让学生知道有些物品的冷、热通过眼睛观察也可以区别。
按冷热给物品分类	根据提示卡将老师提供的一堆物品按冷和热分类摆放。	鼓励学生使用不同的方法去观察物体的冷热，并能理解活动要求，将物品根据冷、热进行分类。

活动片段

师："同学们能帮助老师把那边桌上的东西搬过来吗？"

听老师这么一说，大家都很积极地跑到桌子旁边，开始搬运物品。

在搬运的过程中，有一个学生拿了一个瓶子，刚拿起来，又放回了原处，换了一个物品拿了过来。

全部物品搬运完以后，老师问刚才那个学生为什么换了一样东西拿，学生回答说："太冷了。"

在让学生感知冷热的活动中,老师设计了三个环节:搬运(用手感觉)、品尝(用嘴感觉)和观察(用眼感觉),让学生在参与活动的过程中很自然地用不同的方式去感受冷热。

(三) 介绍水果

【活动目标】

(1) 运用多种感官观察水果。

(2) 能认真倾听同伴的发言,敢于和他人分享自己的观察结果。

【活动准备】

(1) 水果若干。

(2) 眼罩。

(3) 果盘等。

【注意事项】

(1) 选择特征明显的水果,利于学生运用多种感官进行观察。

(2) 指导学生遵守活动规则,在活动中避免信息干扰。

【活动过程】

活动环节	活动过程中的步骤	步 骤 目 的
介绍水果	仔细观察后,抓住水果的颜色、形状、大小等基本特征来介绍水果。	(1) 引导学生运用多种感官观察事物。 (2) 帮助学生掌握一些观察事物的基本方法。 (3) 指导学生抓住事物的基本特征进行观察、描述。
猜猜这是什么水果(1)	学生轮流戴上眼罩,通过闻、尝或摸,辨认自己熟悉的水果。	引导学生调动自己各种感官,抓住事物的特征去辨别。

续表

活动环节	活动过程中的步骤	步　骤　目　的
猜猜这是什么水果(2)	听老师或某位学生对水果的描述，判断被描述的水果是什么。	帮助学生将事物的特征和自己已经认识的事物之间建立一一对应的联系。

活动片段

老师帮一个学生戴上了眼罩，然后把一个桃子放在他手里，让他猜猜这是什么水果。学生先是很认真地用双手摸了摸桃子，然后又将桃子凑近鼻子闻了闻，但他还是猜不出这是什么水果。突然，他好像想到了什么好办法，拿起桃子就咬了一口。“这是桃子!”学生通过摸、闻和尝了解了水果的特征，综合多感官信息得出“这是桃子”的结论。但是，这个片段中“咬”的意外也提醒了老师，一定要对学生做好充分的安全教育，让他们知道即使在课堂中，对于不确定的东西也不能轻易品尝。

三、保护感官

(一) 少了它行吗(1)

【活动目标】

(1) 通过体验，感受口、鼻、耳、眼的重要性，初步建立自我保护的意识。

(2) 能认真倾听同伴的发言，学习与同伴合作完成活动。

【活动准备】

(1) 眼罩。

(2) 鼻夹。

(3) 耳塞。

(4) 几个相同的容器,盛着不同的饮料、矿泉水。

【注意事项】

(1) 确保活动场所的安全性。

(2) 让学生通过完成各种活动,充分体验口、鼻、耳、眼各自的作用。

(3) 在活动中引导学生关心他人。

【活动过程】

活动环节	活动过程中的步骤	步骤目的
蒙上眼睛走路	戴上眼罩,在教室里行走。	通过活动,让学生体验走路时眼睛不能看是什么样的感觉,感受眼睛的重要性。
蒙上眼睛选自己爱喝的饮料	面对几种饮料: (1) 说说自己喜欢喝哪一种饮料。 (2) 轮流蒙上眼睛尝试找自己喜欢喝的那种饮料,其他学生判断该名学生是否拿对。	让学生体验在眼睛不能看的情况下很难找到自己喜欢的饮料。帮助他们进一步感受眼睛的重要性。
塞上耳塞看录像、听音乐	开展塞上耳塞看电视、听音乐等活动,并说说自己的感受。	通过活动让学生认识到声音需要靠耳朵来听,在听不到声音的情况下很多事情做起来很困难,很多活动基本无法开展。
闭紧嘴巴、夹上鼻夹屏住呼吸	(1) 体验闭紧嘴巴、鼻子夹上鼻夹后的感觉。 (2) 集中话题:鼻子被鼻夹夹住后,为什么会忍不住张开嘴巴?	(1) 通过活动让学生了解鼻子最重要的作用就是呼吸。 (2) 通过活动,帮助学生理解嘴巴也可以帮助呼吸。
回顾活动中遇到的困难	回顾活动中自己或是伙伴遇到的困难,说说为什么会这样。	引导学生认识到眼睛、鼻子、嘴巴和耳朵各自的重要性,知道要保护好自己的眼睛、鼻子、嘴巴和耳朵。

活动片段

老师用眼罩蒙上一个学生的眼睛，然后将三个外形相似，却装着不同口味饮料的密闭容器放在他的面前。

“老师在你面前放了三瓶饮料，其中有你最喜欢喝的橙汁，请你把橙汁选出来。但是在你选的时候要遵守两个规则：一不能拿下眼罩；二不能拧开瓶盖。”

学生点了点头，然后摸索着拿起面前的瓶子，但不管他如何摸瓶子的外形，闻瓶子的味道，都不能确定究竟哪一瓶才是橙汁。

在这个活动中，学生发现在不能使用眼睛的情况下，做很多事情都会遇到困难，有的活动中其他感官无法替代眼睛。通过活动，学生们体验到了眼睛的重要性。

(二) 少了它行吗(2)

【活动目标】

(1) 通过活动体会手、脚的重要性，初步建立自我保护的意识。

(2) 能认真倾听同伴的发言，学习与同伴合作完成活动。

【活动准备】

(1) 球(足球、篮球)。

(2) 带纽扣的衣服。

(3) 带壳的毛豆(或其他需要剥壳的食品)。

(4) 视频素材等。

【注意事项】

进行相关的安全教育。

【活动过程】

活动环节	活动过程中的步骤	步骤目的
动动我的手	(1) 尝试转动门把手开门。 (2) 拍球。 (3) 扣纽扣。 (4) 剥毛豆…… (5) 集中话题：我们的手有些什么本领？	通过活动让学生体验在日常生活中很多事情都需要用手来完成,从而认识到手的重要性。
动动我的脚	(1) 踢足球。 (2) 踩影子。 (3) 播放农家做咸菜(踩缸)的场景…… (4) 集中话题：我们的脚有些什么本领？	通过活动让学生体验在日常生活中很多事情都需要用脚来完成,从而认识到脚的重要性。

活动反思

师:“你们觉得手重要吗?”

生:“重要。”

师:“那手有什么作用呢?”

生:“拍手。”

师:“还有吗?”

生:……

手对我们来说是一个再熟悉不过的身体组成部分。但在前测过程中我们发现,在被问到“手有什么作用”时,大多数学生都说不上来。是老师的提问有问题？还是他们真的不知道手有什么作用呢？带着疑问,老师设计了一系列的活动。如：带学生去投篮、拍皮球,让他们写字、画画、扣纽扣、拉拉链等。

在进行了一系列的活动后，老师再次问他们："手有什么作用呢？"这次学生很快就你一句我一句地说开了："手可以用来拍球。""手可以用来画画。"……

智障学生的思维缺乏概括性，虽然他们天天会用手做各种各样的事情，但当被问到"手有什么作用"时，他们无法将这些生活经验与"手的作用"联系起来。这时就需要老师进行有目的的引导，为其设计相应的活动，帮助他们在实际的生活经验中寻找事物的共同点，通过现象理解事物之间的内在联系。

第三阶段 活动设计

一、运 用 感 官

(一) 声音传递的信息

【活动目标】

(1) 知道声音可以传递各种各样的信息。

(2) 体验声音带来的不同感受。

【活动准备】

(1) 相关的音频素材。

(2) 事先安排好现场要播放的各种声音。

【注意事项】

(1) 选用学生熟悉的音频素材。

(2) 鼓励学生大胆表达。

(3) 用到的噪声适当调低音量,防止引发学生的惊恐。

【活动过程】

活动环节	活动过程中的步骤	步 骤 目 的
听听这是什么声音	播放生活中各种各样熟悉的声音,听了之后说说听到的是什么声音。	通过听声音,将声音与生活中熟悉的场景建立一一对应的联系。

续表

活动环节	活动过程中的步骤	步骤目的
听到这个声音你知道了什么	听各种各样的声音,听后说说听到这声音自己会知道什么? 例如:播放敲门声。问:这是什么声音?(敲门声) 问:听到敲门声我们可以知道什么?(知道门外有人或知道有人想进来。)	通过活动让学生了解声音可以传递信息,听声音,判断声音传递的信息。
那些令人讨厌的声音	(1) 听一些噪声,如生气时的尖叫声、拖拽硬物的声音、大声走楼梯的声音、马达声、机器的轰鸣声,等等。 (2) 相互观察听到噪声时的反应。 (3) 说说自己的感觉和我们能为减少噪声做些什么?	(1) 帮助学生了解什么样的声音被称之为令人讨厌的声音。 (2) 引导学生了解噪声会给我们的生活造成的影响。 (3) 引导学生了解自己可以为减少噪声做些什么。

活动片段

"你们静静地听听,教室外有什么声音?"

"有人经过。"

"你们是怎么知道的?"

"有脚步声。"

……

"有敲门声,你们会怎么做?"

"去开门。"

"为什么?"

"有人敲门肯定是想进来。"

在本课中，老师设计了很多活动，让学生通过听觉感受物体的多少、大小；通过听不同音量、语调的谈话声了解人的情绪；听特定的声音说一说该作何反应，等等，帮助学生了解声音可以传递很多信息，我们也可以通过这些声音传递的信息解决生活中的很多实际问题。

(二) 猜猜这是什么(1)

【活动目标】

(1) 会运用各种感官进行观察活动。

(2) 能通过看、闻、尝，判断瓶子里装的是什么液体。

【活动准备】

(1) 醋、白酒、盐汽水、矿泉水各一瓶。

(2) 数字标签。

(3) 记录单，每人一张。

【注意事项】

(1) 用相同的容器分别盛四种不同的液体。

(2) 在容器底部贴上数字标签。

(3) 指导学生做好记录单。

(4) 鼓励学生用自己认为能够解决问题的方法进行观察。

【活动过程】

活动环节	活动过程中的步骤	步　骤　目　的
集体观察	出示4杯无色透明的液体： (1) 猜猜这是什么？并说说自己是用什么方法观察的，判断的理由是什么。	(1) 鼓励学生用不同的方法进行观察。 (2) 引导学生结合自己的生活经验进行判断。

续表

活动环节	活动过程中的步骤	步　骤　目　的
集体观察	(2) 尝试用不同的方法去验证自己的猜测。 提示：不确定的东西不能轻易用嘴巴尝；闻气味的时候鼻子不能接触容器。	(3) 培养学生的语言表达能力。
独立观察	(1) 每一位学生可以按自己的喜好选择观察方法。 (2) 在记录单上记录自己的观察结果。(有困难的学生可以由老师代为记录。) (3) 逐个出示瓶底标签，每位学生根据标签核对自己的观察记录，看看自己的判断和实际的情况是否一致。	(1) 鼓励学生尝试用不同的方法进行观察，并如实记录自己观察的结果。 (2) 指导学生检验观察的结果，并在记录单上如实记录检验结果。
师生交流	(1) 在这个活动中我们采用了哪些方法观察同一组液体？ (2) 在使用不同方法观察时需要注意什么？ (3) 哪些方法比较简单有效？	通过回顾，引导学生认识到： (1) 观察的方法有很多种。 (2) 对同一个“观察对象”，我们也可以根据自己的生活经验选用不同的方法进行观察。

活动片段

老师拿出了4个相同的透明容器，里面分别盛放了等量的无色透明液体，让学生们猜一猜这4杯液体分别是什么。

学生们先是仔细看了看，不一会儿就有学生指出其中的一杯是雪碧。

“你是怎么知道的？”老师问。

“因为这个杯子里的液体有气泡。”

看到有学生已经猜出了其中一个，其他学生也不甘示弱，有几个学生拿起杯子开始闻。

"这个是酒。"

"这个是醋。"

这几个学生一闻就说出了杯子里装的是什么。

"还剩下一杯是什么呢？你们还有其他方法吗？"

老师话音刚落，一个学生拿起最后一杯液体小心翼翼地尝了一口，然后高兴地回答："这杯是水。"

在这一活动中，学生们通过看、闻、尝，感知事物的不同属性，从而辨别出了不同的液体。但在此类的教学活动中，老师也需要进一步加强安全教育，告诉学生不能轻易品尝不确定的物品，只有在老师明确活动中可使用"尝"的方法时才可以通过"尝"帮助自己进行判断。

(三) 猜猜这是什么(2)

【活动目标】

(1) 会运用各种感官进行观察活动。

(2) 能通过看、闻、尝，判断瓶子里装的是什么物品。

【活动准备】

(1) 细盐、绵白糖、面粉、糖粉各1瓶。

(2) 每个学生各一套：调羹、杯子、搅拌棒。

(3) 数字标签。

(4) 每人一张记录单。

【注意事项】

(1) 用相同的容器分别盛4种不同的物体。

(2) 在容器底部贴上对应的标签。

(3) 指导学生做好观察记录。

(4) 鼓励学生自己选择观察方法。

【活动过程】

活动环节	活动过程中的步骤	步 骤 目 的
集体观察	出示细盐、绵白糖、面粉、糖粉。 (1) 观察后猜猜4个瓶子里各装的是什么？并说说自己是用什么方法观察的？判断的理由是什么？ (2) 用不同的方法去验证自己的猜测。 提示：不确定的东西不能轻易用嘴巴尝；闻气味的时候鼻子不能接触容器。	(1) 鼓励学生用不同的方法进行观察。 (2) 引导学生结合自己的生活经验进行判断。 (3) 培养学生的语言表达能力。
独立观察	(1) 每一位学生可以按自己的喜好选择观察方法。 (2) 在记录单上记录自己的观察结果。(有困难的学生可以由老师代为记录。) (3) 逐个出示瓶底的标签，请每位学根据标签核对自己的观察记录，看看自己的判断和实际的情况是否一致。	(1) 鼓励学生尝试用不同的方法进行观察，并真实地记录自己观察的结果。 (2) 引导学生检验观察的结果，并在记录单上如实记录检验结果。
师生交流	(1) 在这个活动中我们采用了哪些观察方法？ (2) 在使用不同方法观察时需要注意什么？ (3) 哪些方法比较简单有效？	通过回顾，引导学生认识到： (1) 观察方法有很多种。 (2) 对同一个观察对象，我们可以根据自己的生活经验选用不同的方法进行观察。

续表

活动环节	活动过程中的步骤	步 骤 目 的
延伸活动	(1) 老师出示4杯水,问:假如我们把盐、绵白糖、糖粉、面粉这4种东西分别倒入水中,你们还能分辨出来吗? (2) 学生操作后观察(哪杯水里放了面粉?哪杯水里放了绵白糖?哪杯水里放了细盐?哪杯水里放了糖粉?)	(1) 引导学生在生活场景中应用课堂上学习到的观察方法开展观察活动。 (2) 激发学生的观察兴趣、培养学生解决实际问题的能力。

活动反思

老师将“细盐、绵白糖、面粉、糖粉”分别装入4个相同的透明容器中,让学生们用不同的方法进行观察后说出它们的名称。

学生们拿到这四种物品后,分别用看、闻、尝的方法进行了观察。

“这是盐。”

“这是糖。”

“这个没味道的,不知道是什么。”

在对面粉进行了一段时间的观察后,学生们还是不能猜出这是什么东西来。

智障学生的经验不足,很多生活中常见的食品原料对他们来说可能就是陌生的。在观察面粉的过程中,学生们能说出通过多感官感受到的信息,但由于没有接触过面粉,故不能进行命名。因此,老师在材料选择过程中,要对学情进行精准的分析,了解学生的认知基础和生活经验,这样才能使学生围绕本课活动的主题更好地进行探究。

(四) 猜猜这是什么(3)

【活动目标】

(1) 初步掌握用手触摸获取物体形状、大小、软硬、冷热等信息的方法。

(2) 逐步提高运用不同感官进行观察的能力。

(3) 能借助活动体验,与他人分享自己获得的信息。

【活动准备】

(1) 不同形状、不同大小、不同软硬、不同冷热的物体若干。

(2) 眼罩。

【注意事项】

(1) 明确活动规则,活动过程中避免信息干扰。

(2) 逐个出示需要呈现的物体。

(3) 选择差异比较大的物品,但必须信息单一。(如比较大小:出示两个物体,同材质、同色,只是大小有明显差别。)

【活动过程】

活动环节	活动过程中的步骤	步　骤　目　的
辨别形状	(1) 辨认老师出示的几个不同形状的立体图形。 (2) 戴上眼罩,用其他感官去辨认这几个不同形状的立体图形。 层次一:逐个辨认后说出图形形状;层次二:逐个辨认,并在老师提供的两个名称中选择一个答案。	引导学生知道用手触摸可以辨别物体的形状。
比较两个物体	戴上眼罩比较两个物体 方法:	引导学生知道用手触摸不仅可以辨别物体的形状,还可以辨别物

续表

活动环节	活动过程中的步骤	步骤目的
	(1) 每次摸一组两个不同的物体如：两个球，大小不同；或大小相同软硬不同；两杯水，冷热不同…… (2) 通过触摸后进行比较。	体的软硬、大小、冷热。
听指令找东西	戴上眼罩听指令找物体 方法： 让学生戴上眼罩后，在老师提供的两个物体中通过触摸找出指定的物体。	(1) 培养学生带着明确的目的开展学习活动的习惯。 (2) 帮助学生在物体和物体名称之间建立一一对应的联系。
师生交流	师生一起借助记录单，回顾用手触摸可以获取物体哪些信息？	培养学生在老师的引导下，通过回忆活动场景加深学习印象。

活动片段

老师为学生提供了两个不同大小的球，让学生摸一摸后辨别，哪个是大的，哪个是小的。有的学生摸了第一个球后就得出了结论：

"这个是大的。"

老师让他再摸一摸另外一个球后，他又改变了原先的判断，认为这个是大的，刚才摸的那个是小的。

针对学生的这种情况，老师设计了几组类似的活动，让学生明白，大小是相对的，通过触摸和比较两个物品，才能得出结论。

通过几组物品的触摸比较，学生逐步知道，物品的一些特征，如大小、软硬、冷热等，都是一个相对的概念，只有通过比较才能得出结论。

二、保 护 感 官

(一) 保护眼睛

【活动目标】

(1) 知道眼睛的作用以及重要性。

(2) 了解哪些行为会对眼睛造成伤害。

(3) 积累一些与保护眼睛相关的生活常识。

【活动准备】

(1) 学生用记录单——《找出下面哪些行为是正确的》。

(2) 教师用记录单。

【注意事项】

(1) 学生需要依靠直观的画面，回顾生活中的一些场景以帮助理解。

(2) 学生需要通过老师有意识的引导，逐步积累生活常识。

【活动过程】

活动环节	活动过程中的步骤	步　骤　目　的
回顾眼睛的作用与保护眼睛的重要性	各自说说眼睛的作用与保护眼睛的重要性。(老师可根据需要通过语言或回放一些视频，启发学生。)	(1) 回顾再现我们开展过的活动，进一步加深学生的记忆。 (2) 为下面的活动做好充分的准备。

续表

活动环节	活动过程中的步骤	步骤目的
集中话题	讨论： (1) 哪些行为会对我们的眼睛造成伤害？ (2) 你是怎样保护自己眼睛的？ 提示：老师帮助做好集体记录单，并帮助学生将各种信息归类整理。	帮助学生把原有点点滴滴的生活经验加以整理，形成新的信息。
找出记录单上哪些行为是正确的	仔细观察记录单上的每一组图片，判断后找出表示正确行为的图片。	(1) 通过书面的形式，让学生经历独立思考和判断的过程。 (2) 检验学生是否真正理解。
介绍记录单	和伙伴交流自己的记录单，并说说自己的理由。	(1) 通过不同的形式加深学生的记忆。 (2) 把学生存在的问题交给学生，引导学生自己去解决。

活动反思

在日常生活中，我们有很多保护眼睛的本能，比如遇到强光刺激等情况时会眨眼、转头、遮挡或闭眼。但是这些经常发生的自我保护行为并没有引起智障学生的注意，他们大多没有将这些行为与保护眼睛联系起来。老师通过创设情境、设计活动，让学生理解这些日常行为背后的意义。比如"突袭"游戏，让学生通过活动发现人眼在遇到近距离疑似攻击时，会不由自主地闭眼。又比如"看谁盯得久"的游戏，让学生真切感受到当长时间用眼造成干涩和疲劳时，眼睛会启动眨眼的机制保护自己。

老师设计的这些小游戏放大了我们生活中一些常见的保护眼睛的本能现象，让学生们对这些行为有了更直观的认识。

(二) 保护口、鼻、耳

【活动目标】

(1) 知道口、鼻、耳的作用以及重要性。

(2) 了解哪些行为会对口、鼻、耳造成伤害。

(3) 积累一些与保护口、鼻、耳有关的生活常识。

【活动准备】

(1) 学生用记录单——《找出下面哪些行为是正确的》。

(2) 教师用记录单。

【注意事项】

(1) 学生需要依靠直观的画面,回顾生活中的一些场景以帮助理解。

(2) 学生需要通过老师有意识的引导,逐步积累生活常识。

【活动过程】

活动环节	活动过程中的步骤	步 骤 目 的
回顾口、鼻、耳的作用与重要性	各自说说口、鼻、耳的作用与保护口、鼻、耳的重要性。(老师可根据需要通过语言或回放一些视频启发学生。)	(1) 回顾再现我们开展过的活动,进一步加深学生的记忆。 (2) 为下面的活动做好充分的准备。
集中话题	讨论: (1) 哪些行为会对我们的口、鼻、耳造成伤害? (2) 你是怎样保护你的口、鼻、耳的? 提示:老师帮助做好集体记录单,并帮助学生将各种信息归类整理。	帮助学生把原有点点滴滴的生活经验加以整理,形成新的信息。

续表

活动环节	活动过程中的步骤	步骤目的
找出记录单上哪些行为是正确的	仔细观察记录单上的每一组图片，并判断对错。	(1) 通过书面的形式让学生经历独立思考和判断的过程。 (2) 检验学生是否真正理解。
介绍记录单	和伙伴交流自己的记录单，并说说自己的理由。	(1) 通过不同的形式加深学生记忆。 (2) 把学生存在的问题交给学生，引导学生自己去解决。

活动片段

"他在用手挖鼻子，这是不对的。"

"用手揉眼睛，很脏的。"

"看电视离这么近，眼睛要坏掉的。"

学生们对照着任务单上的图片，一边说着一边很认真地在相应的位置画着勾或叉。

在日常生活中，学生也经常会出现一些伤害自己感官的错误行为，但是平时他们并不会意识到这些行为的问题。老师将他们的这些问题行为通过图片的形式呈现在任务单上后，学生们能很好地判断这些行为是不对的。

通过这次活动，学生们在之后的生活中不仅能更好地保护自己的感官，在看到其他学生出现这些行为时，也能相互提醒。

(二) 保护手、脚

【活动目标】

(1) 知道手、脚的作用以及重要性。

(2) 了解哪些行为会对手、脚造成伤害。

(3) 积累一些与保护手、脚有关的生活常识。

【活动准备】

(1) 学生用记录单——《找出下面哪些行为是正确的》。

(2) 教师用记录单。

【注意事项】

(1) 学生需要依靠直观的画面,回顾生活中的一些场景以帮助理解。

(2) 学生需要通过老师有意识的引导,逐步积累生活常识。

【活动过程】

活动环节	活动过程中的步骤	步 骤 目 的
回顾手、脚的作用与重要性	各自说说手、脚的作用与保护手、脚的重要性。(老师可根据需要通过语言或回放一些视频启发学生。)	(1) 回顾再现我们曾经开展过的活动,进一步加深学生的记忆。 (2) 为下面的活动做好充分地准备。
集中话题	讨论: (1) 哪些行为会对我们的手、脚造成伤害? (2) 你是怎样保护你的手、脚的? 建议:老师帮助做好集体记录单,并帮助学生将各种信息归类整理。	帮助学生把原有点点滴滴的生活经验加以整理,形成新的信息。
找出记录单上哪些行为是正确的	仔细观察记录单上的每一组图片,判断后找出表示正确行为的图片。	(1) 通过书面的形式让学生能有独立思考和判断的过程。 (2) 检验学生是否真正理解。
介绍记录单	和伙伴交流自己的记录单,说说自己的理由。	(1) 通过不同的形式加深学生记忆。 (2) 把学生存在的问题交给学生,引导学生自己去解决。

活动反思

通过几个阶段的学习，学生对于怎样保护自己的感官已经具备了相应的知识和技能。但是在实际生活中，老师还是发现他们并不能把这些知识和技能灵活运用到实际生活中去。

普通儿童在生活中可以自然习得很多生活知识和技能，并将这些知识和技能加以运用，但这对智障学生来说很困难。这就需要老师结合实际的生活场景，为他们搭建学习的脚手架，并进行有意识的引导，帮助他们进行知识的迁移和生活常识的积累，让这些在课堂中习得的知识和技能为提高他们的实际生活质量提供帮助。

植物

“植物”活动模块的设计，主要是引导中度智力障碍学生观察身边常见的植物，探究植物在不同季节、不同生命周期的特征；通过对植物特征的了解，知道动植物的区别；帮助智障学生积累与植物相关的生活常识，提高他们对生活环境的关注度，理解植物与人类生活的密切关系。

活动目标

【概念】

● 植物的基本组成部分。

● 植物的生命周期。

【探究能力】

● 通过持续观察，了解植物的生长变化。

● 通过种植植物，了解植物的生命周期。

【科学态度】

● 逐步养成持续、仔细观察的习惯，并学会借助照片或简单文字做好观察记录。

【社会交往能力】

● 学会关注身边的自然环境，感受环境的美。

【语言能力】

● 掌握一些科学词汇，如：种子、发芽、向光性、生命周期、繁殖等。

● 能借助实物、图片或记录单，与他人分享自己的观察结果。

	第一阶段	第二阶段	第三阶段
准备活动	(1) 寻找身边的植物：关注生活环境中的植物。 (2) 找妈妈：区分植物与动物。 (3) 认养一株植物：体验植物也是有生命的。	——	——
植物的认识	——	(1) 前测：了解学生认识植物的学习基础。 (2) 植物的组成：了解植物由根、茎、叶、花朵、果实等组成。 (3) 植物的叶：初步认识植物的叶并了解叶的作用。	(1) 寻找植物的种子：初步认识植物的种子。 (2) 种子里面有什么：了解种子的基本结构。
植物的生长	——	(1) 观察身边的植物：了解很多植物会随季节的变化而变化。 (2) 不同季节开花的植物：了解不同的植物开花的季节各不相同。	(1) 认识开花的植物：巩固认识植物的主要组成部分。 (2) 种子发芽：了解种子发芽需要的条件及影响因素。 (3) 植物的生命周期：了解植物的生命周期。

续表

	第一阶段	第二阶段	第三阶段
植物与人类生活	——	——	(1) 日常食用的植物：了解日常所吃的食物中哪些是植物。 (2) 日常生活中的植物：了解植物可加工成不同的食品和物品。 (3) 欣赏植物：感受植物的美。
植物和动物的区别	——	——	区分植物和动物：抓住植物与动物的基本特征对两者进行区分。

第一阶段　活动设计

一、准备活动

(一) 寻找身边的植物

【活动目标】

(1) 关注生活周围的环境,寻找身边的植物。

(2) 了解一些爱护植物的常识。

【注意事项】

在活动前做好爱护植物的常规教育。

【活动过程】

活动环节	活动过程中的步骤	步骤目的
参观学校的小花园	(1) 老师提出活动要求并提醒学生参观活动时的注意事项。 (2) 学生参观学校的花园。 (3) 请学生说说花园里种了什么? (4) 讨论:植物有生命吗?怎样和没有生命的物体区分?	(1) 指导学生有目的地观察,提升观察效果。 (2) 引导学生向他人介绍自己的观察结果。
师生交流	请学生说说还有哪些地方和校园一样种了花草树木?	(1) 引导学生结合课堂上的观察,联系生活场景中相关的事物。 (2) 培养学生有意识地关注自己身边事物的生活习惯。

活动片段

“我们观察了很多植物,你们认为植物有生命吗?”

“没有。”

“为什么你们认为植物是没有生命的呢?”

“因为植物不会动。”

对我们的学生来说,“会动”或“不会动”就是他们区别生命体和非生命体的主要特征。在平时的生活中,我们的学生不会进行有意识的连续观察,因此他们观察到的植物是某一时间的静态影像,对他们来说,植物就是不会动的。要让学生意识到植物生长的过程,必须教会学生进行有计划地连续观察,如在种子发芽的活动中,可以观察植物由一颗种子长成一株植物。让他们通过观察了解植物的变化。

(二) 找妈妈

【活动目标】

(1) 初步了解动物和植物的区别。

(2) 能认真倾听同伴之间的交流,愿意与他人分享自己的想法。

【活动准备】

(1) 每个学生准备好自己及妈妈的照片各一张。

(2) 动、植物配对的图片或模型。

(3) 配对用的托盘。

【注意事项】

(1) 选择学生熟悉的动、植物。

(2) 选用背景简单的动、植物图片,避免造成不必要的干扰。

【活动过程】

活动环节	活动过程中的步骤	步 骤 目 的
我和妈妈	(1) 在教室的照片墙上找到自己妈妈的照片。 (2) 将自己的照片和妈妈的照片贴在一起。 (3) 向伙伴介绍这两张照片。	(1) 帮助学生理解活动的要求。 (2) 培养学生参加活动的兴趣。
认一认	辨认老师逐个出示的动、植物图片。	(1) 了解学生是否认识本活动所出示的图片。 (2) 帮助学生巩固认识本活动所涉及的动、植物,为配对活动做准备。
找妈妈	(1) 理解活动要求。 (2) 根据老师提供的动、植物宝宝图片,帮助它们找到各自的妈妈。 (3) 介绍自己的任务。	(1) 指导学生带着明确的目的参与活动。 (2) 引导学生把动物和植物区别开来。 (3) 帮助学生将动、植物宝宝和动、植物妈妈建立一一对应的联系。

活动反思

在给动、植物“宝宝”找“妈妈”的过程中,老师观察到一个有趣的现象,大多数配对成功的学生都采取了同一个策略,即先给动物配对,再给植物配对。这是为什么呢?“小狗是狗妈妈生的呀,小牛是牛妈妈生的呀,这个应该是这个的妈妈吧。”从学生的回答中老师意识到,学生在生活中关注到的有关动物的信息较多,且动物在成长过程中形态、特征未发生较大的改变;而学生对于植物的关注则较少,且植物在生长过程中形态、特征变化较大,因此在给动物宝宝找妈妈的时候，学生的心中都有明确的答案，但在给植物宝宝找妈妈的时候，他们很多都是靠猜的。

由此可见，即使学生配对成功，但实际他们对于植物的概念是相当模糊的。这也提醒了老师，要帮助学生进一步理解植物的概念，一方面要引导他们多关注身边的植物，积累更多与植物相关的信息，另一方面要为学生创设相应的情景，帮助他们在动态的过程中了解植物的生长过程和特性。

(三) 认养一株植物

【活动目标】

(1) 体验植物是有生命的。

(2) 初步学习持续、仔细地进行一次观察活动，愿意和他人分享自己的观察发现。

【活动准备】

(1) 准备若干份供认养的植物。

(2) 每人准备一张带有自己照片的植物认养卡。

【注意事项】

(1) 供学生认养的植物可选用自己培植的植物幼苗。

(2) 选用生长速度快的植物供认养，以方便学生看到植物明显的变化。

【活动过程】

活动环节	活动过程中的步骤	步骤目的
认养植物	(1) 每个学生认养一株植物，并给自己认养的植物挂上带有自己照片的认养卡。 (2) 跟自己认养的植物合影。	(1) 引导学生带着明确的目的参与活动。 (2) 教学生用一些小技巧帮助自己记住认养的对象。

续表

活动环节	活动过程中的步骤	步骤目的
观察植物的成长	(1) 每天和老师一起照顾自己认养的植物，并观察植物的变化。 (2) 与同伴交流自己观察到的植物变化情况。	(1) 培养学生逐步建立持续观察的意识。 (2) 引导学生进行细致的观察，通过与开始观察时拍摄的照片对比，发现植物的变化。 (3) 培养学生养成乐意与伙伴分享自己观察发现的学习习惯。

活动反思

智障学生缺乏主动观察、持续观察的意识和能力，因此要求学生对植物进行一段时间的观察、比较有很大的难度。因此，老师设计了“我与植物合张影”的活动，让每个学生和自己认养的植物一起合影。这一活动的目的，首先是让学生明确自己的观察对象，其次是帮助学生确定一个植物影像作为观察起点，以便他们日后进行比较。

在之后的活动中，学生每次都会拿着这张合影与各个阶段的植物进行比较，并通过植物的叶片增加、植物高度的变化、植物的死亡等现象认识到植物的变化，初步建立植物也是生命体的概念。

第二阶段　活 动 设 计

一、植 物 的 认 识

(一) 前测

【活动目标】

了解学生“认识植物”的学习基础。

【活动准备】

(1) 一株供学生观察的绿色开花植物。

(2) 前测记录单。

【注意事项】

(1) 每个学生单独测试,并拍摄视频记录。

(2) 事先将供观察用的植物根部洗干净,便于学生观察。

【活动过程】

活动环节	活动过程中的步骤	步　骤　目　的
前测	(1) 根据老师指出的植物各部分结构,逐个说出与之相对应的名称。 (2) 根据老师说出的植物各部分结构的名称,在被观察植物上指出相对应的部位。	(1) 了解学生是否知道植物各部分的名称。 (2) 了解学生是否能根据各部分名称找到相应的部位。

前测记录单(1)

班级：　　　　　　姓名：　　　　　　日期：

这是一株植物。
“请根据老师指着的植物各个部分，说说它是由哪几个部分组成的？” 花(　　　)　叶子(　　　)　根(　　　)　茎(　　　)

前测记录单(2)

班级：　　　　　　姓名：　　　　　　日期：

这是一株植物，请你听着老师的指令，找一找： 花(　　　)　叶子(　　　)　根(　　　)　茎(　　　)

活动反思

在前期的教学中老师发现，学生对植物的认识非常模糊，大多数学生会把植物作为一个整体来认知。比如，这是一棵树，这是一朵花，而不会关注到植物的各个部分。为了进一步了解学生对植物的认识程度，老师针对不同能力水平的学生设计了两份记录单。在记录单中，老师例举了花、叶子、根、茎这 4 个植物最主要的组成部分，让他们通过指认或确认，将植物的某一组成部分与名称一一对应。通过这一活动，老师了解到，学生对于花、叶子、根已经有了初步的认识，但对于“茎”大多没有概念。

在了解了学生的前概念后，老师能更有的放矢地进行活动设计，帮助学生突破学习中遇到的困难。

(二) 植物的组成

【活动目标】

(1) 了解根、茎、叶、花、果实和种子是植物的基本组成部分。

(2) 能在植物或植物的图片上指认植物的根、茎、叶、花、果实(种子)。

(3) 能认真倾听同伴的交流。

【活动准备】

准备几种不同的植物及其图片。

【注意事项】

(1) 准备用来观察的植物可选用水培植物,或预先把植物从土中取出并洗净根部。

(2) 根据前测的情况,在教学中有针对性地进行指导。

【活动过程】

<table>
<tr><th>活动环节</th><th>活动过程中的步骤</th><th>步骤目的</th></tr>
<tr><td>认识植物的组成部分</td><td>(1) 观察植物的图片,认识植物的基本组成部分。
(2) 观察植物,认识植物的基本组成部分。</td><td>(1) 引导学生了解及初步认识植物的基本组成部分。
(2) 培养学生对身边事物的关注兴趣。</td></tr>
<tr><td>根据要求找到相应的部分</td><td>根据植物基本组成部分的名称,在植物或植物图片上找到相对应的部分。</td><td rowspan="2">(1) 帮助学生将植物基本组成部分名称和各组成部分建立一一对应的联系。
(2) 培养学生积极参与活动的兴趣。</td></tr>
<tr><td>介绍植物的组成部分</td><td>根据老师(或同伴)指出植物的某一部分,介绍该部分的名称。</td></tr>
</table>

活动片段

生:“老师,仙人掌叶子上长刺的。”

师:“仙人掌的刺才是它的叶子。”

生:“老师,竹子是不会开花的。”

师："其实，竹子也会开花，但竹子开花不常见，开花后竹子就会死了。"

在观察植物的过程中，学生发现了很多有趣的现象，他们的发现也引发了一系列的疑问。这些问题如果全部要在课堂上解答，一方面时间不够，另一方面部分学生也很难理解。因此，老师将有些问题作为延伸部分让学生通过询问家长或上网搜索自己去探究。

(三) 植物的叶

【活动目标】

(1) 认识植物的叶，初步了解叶的作用。

(2) 会用不同的方法对植物的叶进行分类。

(3) 愿意动手操作，敢于和同伴分享自己的操作方法。

【活动准备】

(1) 不同植物的叶。

(2) 纪录片《植物的叶》。

【注意事项】

(1) 采集形状、颜色、大小不同的植物的叶。

(2) 了解学生的分类能力。

【活动过程】

活动环节	活动过程中的步骤	步　骤　目　的
观察各种植物的叶	去户外观察、收集不同植物的叶。	(1) 通过观察活动，引导学生了解植物的叶是各不相同的。 (2) 培养学生主动参与活动的兴趣。

续表

活动环节	活动过程中的步骤	步骤目的
了解叶的作用	观看纪录片《植物的叶》。	(1) 培养学生观看视频的兴趣和能力。 (2) 指导学生初步了解叶的作用。 (3) 引导学生把观看到的内容大胆地说出来与伙伴分享。
体验叶的作用	实验(1)：叶的光合作用。 实验(2)：叶的蒸腾作用。	(1) 通过实验，帮助学生初步了解叶是植物进行光合作用的主要器官。 (2) 通过实验，帮助学生初步了解叶的蒸腾作用。 (3) 激发学生自己动手尝试做实验的兴趣。
给植物的叶分类	(1) 运用已经掌握的分类方法对植物的叶进行分类。 (2) 介绍自己的分类方法。	(1) 引导学生用已有的方法结合教学实际开展活动。 (2) 引导学生带着明确的目标开展活动。 (3) 引导学生借助操作来正确表达自己的想法。

活动片段

"叶的作用"是一个隐性知识点，学生很难通过看图文或视频直接地感知和理解。为了让学生更直观地了解"叶的作用"，老师需要设计更直观、更具视觉冲击的教学活动，使学生真正理解叶对植物的关键作用。

在"叶的蒸腾作用"这一实验中，老师选择了一株叶子较为茂盛、叶片较大的植物，然后用一个塑料袋将部分的叶子扎起来。第二天，再引导学生观察塑料袋中发生了什么变化，引发思考“塑料袋中的水是从哪里来的”，帮助学生理解“叶的蒸腾作用”。

二、植物的生长

(一) 观察身边的植物

【活动目标】

（1）通过一段时间的持续观察，寻找植物随季节变化而发生的变化。

（2）逐步养成持续、仔细观察的习惯，并学习借助照片或简单文字做观察记录。

（3）敢于和他人分享自己的观察发现。

【活动准备】

（1）每个学生选择一株固定的植物进行定向观察。

（2）为每个学生制作一张塑封的照片。

【注意事项】

（1）可根据学生的能力及性格特征推荐观察对象。

（2）陪伴学生跟踪观察他们自己选定的植物，看看随季节变化植物会不会有变化，会有怎么样的变化。（自己或由老师帮助，拍摄每一次的观察实况。）

（3）指导学生将拍摄到的植物照片按日期贴到记录单中，便于通过比对了解植物生长过程中的变化。

【活动过程】

活动环节	活动过程中的步骤	步骤目的
选定观察对象	(1) 每个学生根据自己的意愿(或参考老师的推荐),在校园里选一株植物进行观察,并在该植物上挂上自己的照片。	(1) 通过让学生自由选择观察对象,激发学生的观察兴趣。 (2) 确定观察的具体对象,有助于引导学生有目的、有范围地持续观察。
做观察记录	(1) 在老师陪同或提示下定期进行观察。 (2) 在老师辅助下做好观察结果的记录。	(1) 指导学生学会持续观察的基本方法。 (2) 指导学生做观察记录。 (3) 培养学生持续观察的兴趣。
师生交流	(1) 回顾观察积累的资料。 (2) 借助观察记录介绍自己的观察发现。 提示:用实物投影仪投影观察记录,辅助交流。	(1) 帮助学生回顾自己的观察记录。 (2) 引导学生交流自己的观察发现。 (3) 通过交流培养学生的语言表达能力。

活动反思

由于缺乏观察的兴趣和能力,智障学生无法坚持长时间、主动去观察事物,而且在观察过程中,学生也很难通过观察去发现事物细微的变化。根据学生的实际情况,老师对原有的教学活动进行了调整:

首先,让学生自己挑选观察对象,这样有助于提高他们的观察兴趣和观察的目的性。然后,帮助每个学生建立观察档案,用照片的形式记录下每次的观察结果。之后,通过对照片的分阶段比较,引导学生发现植物的变化。在观察的过程中，老师还会要求有能力的学生借助照片进行一些简单的文字记录，通过这些记录，学生能够比较顺畅地把自己观察到的现象与同伴交流，由此观察的兴趣也得到了明显提高。

(二) 不同季节开花的植物

【活动目标】

(1) 了解不同季节开花的植物。

(2) 提高学生对生活环境的关注度，进一步感受环境的美。

【活动准备】

(1) 四季中具有代表性的开花植物图片。

(2) 当季开花的植物。

【注意事项】

(1) 要选特征明显、种植在我们生活周围的植物作为观察对象。

(2) 辅助学生通过网络、书籍等多种途径去了解相关的信息。

【活动过程】

活动环节	活动过程中的步骤	步骤目的
观察校园里开花的植物	(1) 知道当下是什么季节。 (2) 参观校园，寻找开花的植物。 (3) 知道当季开花的植物名称。	(1) 引导学生关注生活中的信息。 (2) 激发学生关注生活环境的兴趣。
了解不同季节开花的植物	(1) 了解一年有哪几个季节。 (2) 收集在不同季节开花的代表性植物的信息。	(1) 增加学生生活常识的积累。 (2) 引导学生通过不同的途径收集自己需要的信息。 (3) 激发学生了解生活常识的兴趣，感受生活中的美。

续表

活动环节	活动过程中的步骤	步骤目的
做季节和花的配对游戏	(1) 根据季节卡,去找该季节代表性的开花植物。 (2) 根据"花"去找相对应的开花季节。	(1) 帮助学生在花和季节之间建立一一对应的联系。 (2) 通过配对游戏,培养学生合作学习的能力。

活动片段

有一天,一个学生突然跑来告诉老师,校园里有两棵没有树叶的植物开花了,他的这一发现引发了同班同学的好奇,课间很多学生都跑去校园看,还盯着老师问这是什么花,为什么不长叶子。

"这是白玉兰。春天是它开花的季节。白玉兰是一种比较特殊的植物,它先开花,后长叶子。"

智障学生很少会关注到生活中的一些细节变化,更不用说是通过观察身边环境的变化感知季节的更替。但是通过对植物进行了一个阶段的持续观察后,部分学生已经能够主动去关注身边的环境,并发现新的变化。通过这次的发现与后续的观察活动,学生开始逐步认识到了植物的变化与季节的关系。

第三阶段 活动设计

一、植物的认识

(一) 认识开花的植物

【活动目标】

(1) 巩固认识植物的主要组成部分。

(2) 逐步养成仔细观察的习惯,敢于和他人分享自己的观察结果。

【活动准备】

一株开花植物。

【注意事项】

供上课用的植物尽量选用水培植物,便于学生观察植物的根。

【活动过程】

活动环节	活动过程中的步骤	步骤目的
画自己观察到的植物	(1) 观察一株开花植物。 (2) 画一株开花植物。	(1) 引导学生仔细观察植物的结构。 (2) 帮助学生进一步了解植物主要的组成部分。
师生交流	(1) 介绍自己的画。(指着自己的画告诉大家,自己画了植物的哪些部分。) (2) 评价同伴的画。 (3) 总结画一株植物关键要把植物的哪些部分画出来。	(1) 引导学生通过比对,巩固认识植物的主要组成部分。 (2) 指导学生倾听,培养学生敢于发表自己想法的学习习惯。

续表

活动环节	活动过程中的步骤	步骤目的
观察校园里的植物	(1) 观察校园里种的都是些什么植物？ (2) 说说和我们刚才观察的植物有什么不同？	带领学生到大自然中进一步观察，并把观察到的植物和课堂上观察的植物进行比较，帮助学生巩固认识植物的主要组成部分，同时也让学生初步了解植物的根通常是生长在泥土下面的。

教学反思

在教室里上课的时候，老师为了让学生直观地认识植物的根，预先准备了一株培植在水中的植物。

在之后的活动中，老师带着学生到校园里观察植物，结果发现有一个学生蹲下身去拔出了一株植物，并高兴地将植物的根展示给老师和同学们看。

在教学过程中，老师为了避免伤害植物的根，特意选了水培植物供学生观察。但生活中绝大多数的植物都是生长在土壤中，因此还是需要注重对学生进行常规教育，告诉他们植物的根通常是生长在泥土下面的，如果随便将根拔出，会伤害到根，容易导致植物死亡。

(二) 寻找植物的种子

【活动目标】

(1) 初步了解植物的种子。

(2) 借助实物、图片，与他人分享自己的观察结果。

【活动准备】

(1) 桃、橘子、苹果、西瓜、木瓜、荔枝等若干。

(2) 植物的图片及对应的种子若干种。

(3) 刀、榔头等工具。

【注意事项】

(1) 使用工具的安全教育。

(2) 引导学生围绕活动目标进行观察。

【活动过程】

活动环节	活动过程中的步骤	步　骤　目　的
找出水果的种子	吃水果(橘子或其他有籽的水果)，找出水果的籽或核。	(1) 引导学生在品尝水果的同时找出水果的籽或核。 (2) 帮助学生了解水果里面的籽或核，它就是水果的种子。
植物图片与种子的配对	(1) 将老师提供的植物图片和种子配对摆放。 (2) 介绍自己给什么植物找到了种子。 注意事项： (1) 尽量选学生生活中常见的，最好是认识的种子供学生开展配对活动。 (2) 植物图片要写明是什么植物，或告诉学生是什么植物。	(1) 帮助学生初步了解不同的植物它们的种子也是不同的。 (2) 提高学生观察的兴趣。 (3) 帮助学生积累生活常识。

活动片段

由于我们的学生生活自理能力较差，因此在日常生活中很多事情都由父母包办代替，比如吃有籽的水果的时候，家长往往会帮他们去籽以后再给他们吃。因此，老师发现学生对常见水果的籽也非常陌生。

针对学生的实际情况,老师设计了一个“在水果里找种子”的活动,让学生动手“解剖”水果。通过活动,学生发现:有的水果的种子在果肉中间,有的水果里面有核,种子包在核里面;有的种子是硬硬的;有的种子是软软的。有了发现,学生就变得很兴奋,再请他们吃葡萄、橘子时,他们也努力地找出里面的籽吐出来给老师或同伴看。

(三) 种子里面有什么

【活动目标】

(1) 了解种子由种皮、胚芽、子叶、胚轴、胚根组成。

(2) 逐步养成仔细观察的习惯,敢于和他人分享自己的观察发现。

【活动准备】

浸泡过的与没有浸泡过的大豆种子。

【注意事项】

(1) 鉴于智障学生的动手能力较差,观察用的种子要多准备一些。

(2) 在开始观察前,强调要按老师的指令一步一步地进行观察。

【活动过程】

活动环节	活动过程中的步骤	步　骤　目　的
集中话题	讨论:种子里面有什么?	(1) 了解学生的前概念。 (2) 激发学生的观察兴趣。
观察种子	(1) 浸泡前后种子有什么区别。 (2) 打开浸泡过的种子。 (3) 看实物投影上放大的种子,交流自己的发现。 (4) 了解种子各部分名称。 (5) 看种子解剖图,指认种子的各个部分。	(1) 指导学生通过细致的观察了解种子的基本结构。 (2) 逐步培养学生观察的兴趣。 (3) 引导学生学习观察方法,为今后的独立观察活动做准备。

活动片段

“你觉得种子里会有什么呢?”

“有叶子和花。”

“还有茎和根。”

对我们的学生来说,种子就像植物的小宝宝,植物所有的结构,种子里也有。但是,当学生剥开浸泡过的种子,发现里面“什么也没有”后,都感到既失望又疑惑。

这时,老师拿来了几个放大镜,让学生通过放大镜再仔细观察一下种子的内部。

“老师,里面有块白色的东西。”

“老师,种子里面有个小芽。”

虽然不知道种子里这些奇怪的部分是什么,但学生的观察还是有了收获。在学生的观察基础上,老师再用实物投影出示种子的结构图。虽然“胚芽、子叶、胚根”等名词对学生来说很陌生,但从他们的眼神中可以看到,他们已经对神奇的种子充满了兴趣。

二、植物的生长

(一) 种子发芽

【活动目标】

(1) 观察种子的发芽过程。

(2) 了解种子发芽需要的基本条件。

(3) 逐步养成持续、仔细观察的习惯,并学习做好观察记录。

【活动准备】

(1) 种子。

(2) 供种子发芽用的容器。

(3) 种子发芽需要的条件的提示卡。

【注意事项】

用对比试验的方法帮助学生理解种子发芽需要什么条件。

【活动过程】

活动环节	活动过程中的步骤	步骤目的
集中话题	讨论：种子发芽需要什么条件？ 建议：老师帮助学生记录下他们各自认为种子发芽需要的条件。	了解学生原有的生活经验。
动手实践(可反复多次)	(1) 每人选3—5颗种子，按照自己认可的方法进行培育，并观察种子发芽的情况。 (2) 结合实践，归纳种子发芽需要的条件。	(1) 指导学生自己动手种种子，并观察种子发芽的过程。 (2) 帮助学生初步了解种子发芽需要的条件。

活动片段

为了让学生了解“种子发芽”需要的条件，老师设计了一个对比活动，让每个学生选3—5颗种子，按照自己认可的方法进行培育。然后引导学生进行观察和对比。结果，学生在观察中发现：没有每天浇水的种子，几天之后还是硬硬的；每天浸在水里的种子，被水浸得非常软，用手一捏就捏烂了；只有每天浇适量水的种子才成功地发了芽。

通过这个活动，学生非常直观地了解了适量的水分是种子发芽的必备条件之一。

(二) 植物的生命周期

【活动目标】

(1) 知道植物通常可以通过种子进行繁殖,了解植物的生命周期。

(2) 逐步养成持续观察的观察习惯,并学习用照片或简单文字做好持续观察的观察记录。

(3) 能借助观察记录与他人分享自己的观察发现。

【活动准备】

(1) 学生记录单。

(2) 每人一个花盆,3 颗种子。

(3) 植物生长各阶段的图片。

【注意事项】

(1) 陪同或提醒学生去观察他们自己种的植物,并指导学生完成观察记录。

(2) 准备好植物生长各阶段的图片,让学生动手摆一摆进行排序。

【活动过程】

活动环节	活动过程中的步骤	步 骤 目 的
观察植物的生长过程	(1) 回顾种子发芽需要的条件。 (2) 各自种下种子,并贴上标签。 (3) 观察植物从种子发芽、长大、开花、结果的整个生命周期。	(1) 帮助学生初步了解植物生长的几个阶段。 (2) 激发学生自己动手种植物并进行观察的兴趣。
我的观察记录	(1) 在老师陪同下或提示下观察,并做好观察记录。 (2) 交流自己的观察记录。	(1) 引导学生初步了解做持续观察记录的方法。 (2) 培养学生初步养成持续观察的观察习惯。 (3) 提高学生交流观察记录的能力。

活动片段

有一天,老师带着学生去观察他们自己种的植物。在观察的过程中学生发现,有的同学种的植物长得又高又壮,有的同学种的植物却长得又矮又细。植物长势好的学生看着自己的成果非常高兴,长得不太好的学生则有点不服气的样子。

就在大家准备离开的时候,有个学生突然跑到自己种的植物那里,把自己的植物向上拔一下再放回去。老师看到后问他为什么这么做,结果他的回答让老师哭笑不得,原来他这么做是想让他种的植物和另外几个同学种的植物一样高。

智障孩子和正常孩子一样,也有对成功的渴望,在看到别人的成果比自己好的时候,他们也会想一些办法让自己也获得相同的成功。发生这起"拔苗助长"事件后,老师没有批评他,而是将这个事件作为一个观察的点,让学生下次重点观察一下这棵"助长"后的植物的变化。在看到植物枯萎死去的情景后,学生也认识到了植物的生长规律是不能随意打破的。

三、植物与人类生活

(一) 日常食用的植物

【活动目标】

(1) 了解我们日常食用的食品哪些是植物(或是植物的哪一部分)。

(2) 通过开展基于日常生活经验的观察活动,提高对生活的关注度,进一步感受生活的乐趣。

【活动准备】

(1) 日常食用的植物。

(2) 日常食用的动物、植物图片。

【注意事项】

(1) 尽量选择用实物拍摄后的图片给学生看。

(2) 选择学生生活中经常会吃到的植物。

【活动过程】

活动环节	活动过程中的步骤	步 骤 目 的
介绍自己知道的植物	(1) 介绍自己知道的植物。 (2) 从动、植物的图片中找出植物的图片。	(1) 帮助学生回顾已经认识的植物,进一步加深认识。 (2) 培养学生认真倾听同伴介绍的学习习惯。
了解可以吃的植物	(1) 介绍自己经常吃的食物中哪些是植物(或食用的是植物的哪一部分)。 (2) 品尝一些加工后的植物。	(1) 帮助学生巩固对植物的认识。 (2) 引导学生认识自己经常食用的有哪些植物。 (3) 为学生更清晰地区分动物和植物做好铺垫。
延伸活动:购买可以食用的植物	在家长陪同下去超市或菜场购买可食用的植物。	(1) 将课堂学习活动与生活紧密结合,帮助学生进一步积累生活经验。 (2) 激发学生关注自己生活的兴趣。

活动片段

“你们知道自己平时吃的菜哪些是植物吗?”

“青菜是植物。”

“番茄是植物。”

“……”

蔬菜可以说是我们餐桌上最为常见的一种食物，我们的学生在平时的生活中也经常接触，只是他们有时不会有意识地将餐桌上的蔬菜和植物联系起来。

通过活动，学生们对可食用的植物有了进一步的了解，对身边植物的关注度也有了进一步的提高。

(二) 日常生活中的植物

【活动目标】

(1) 能从日常食用的食品中找出由植物加工成的食品。

(2) 能从日常使用的物品中找出由植物加工成的物品。

(3) 逐步养成有意识地关注生活的习惯。

【活动准备】

(1) 学习看食品的包装，通过包装了解食品的成分。

(2) 联系一家学校附近的超市，作为实践的场所。

【注意事项】

(1) 学生的识字量不多，所以要指导他们看包装上的图片辅助了解所观察的制品。

(2) 预先接洽实地观察的超市，以免学生过去受到过分的关注或限制。

【活动过程】

活动环节	活动过程中的步骤	步　骤　目　的
寻找由植物加工成的食品	(1) 学习看食物包装袋。 (2) 从自己熟悉的食品中寻找出由植物加工而成的食品。 (3) 在超市中寻找一种由植物加工而成的食品。	(1) 教会学生观察的方法。 (2) 引导学生结合自己的生活经验进行观察。

续表

活动环节	活动过程中的步骤	步　骤　目　的
寻找由植物加工成的物品	(1) 从自己熟悉的物品中寻找出由植物加工而成的物品。 (2) 在生活场景中寻找一种由植物加工而成的物品。	(1) 引导学生结合自己的生活经验进行观察。 (2) 鼓励学生大胆地和伙伴分享自己的观察结果。 (3) 培养学生认真倾听同伴介绍的学习习惯。
延伸活动：寻找家中由植物加工成的物品	观察自己家中哪些东西是由植物加工而成的，并记录下来，在下一次课上交流。	(1) 课堂学习活动与生活紧密结合，帮助学生进一步积累生活经验。 (2) 激发学生关注自己生活的兴趣。

活动反思

在我们的日常生活中，有很多由植物加工而成的食品。但由于在加工过程中植物的外形和颜色等都发生了不同程度的变化，因此我们的学生在辨识这些植物加工而成的食品时遇到了困难。

针对学生的困难，老师设计了一个观察食品包装袋的环节。根据食品包装袋上的图片，学生能较为直观地了解到这一食品是由什么植物加工而成的。对于认知能力较好的学生，老师还引导他们通过看包装袋上的文字说明来了解食品的制作材料。

经过这一活动，学生对植物加工而成的食品有了进一步的认识，在之后去超市寻找由植物加工而成的食品的活动中，学生就运用这种方法顺利地完成了老师布置的任务。

(三) 欣赏植物

【活动目标】

(1) 认识生活环境中一些常见的植物。

(2) 能借助实物或图片向他人介绍自己喜欢的植物。

(3) 逐步养成爱护植物的良好生活习惯。

【活动准备】

(1) 确定观察地点。

(2) 一些常见植物的图片或照片。

【注意事项】

加强爱护植物的宣传教育。

【活动过程】

活动环节	活动过程中的步骤	步骤目的
欣赏植物	(1) 游园,欣赏大自然中的植物。 (2) 观看视频或照片、图片,欣赏植物。	(1) 指导学生在欣赏的过程中认一认自己熟悉的植物。 (2) 引导学生感受环境的美。
认识植物	(1) 介绍自己喜欢的植物。 (2) 了解自己感兴趣的植物。 (3) 和自己喜欢的植物合影。	(1) 帮助学生巩固认识生活中常见的植物。 (2) 培养学生关注生活环境的兴趣。 (3) 引导学生通过认识植物进一步感受生活中的美。 (4) 为延伸活动做好充分准备。
延伸活动	向父母介绍自己喜爱的植物。	(1) 引导学生和父母一起分享自己的喜好。 (2) 结合生活实际培养学生的语言表达能力。

活动片段

智障学生在平时的生活中很少会去主动观察周围的环境。为了让他们学会欣赏植物，从而在生活中进一步了解植物，老师设计了主题游园活动——寻找秋天的足迹，让学生带着明确的目标去观察植物，从而了解植物的特性。在课堂中，老师也会引导通过欣赏节假日的植物布置等了解植物在生活中的运用。

通过多次的活动，学生渐渐学会了欣赏植物的美，也学着用植物去点缀生活。比如，他们会在教室或家里摆放一盆植物点缀房间，也会在自己制作的贺卡上画一些植物的花或者叶用来点缀贺卡。

四、植物和动物的区别

区分植物和动物

【活动目标】

(1) 能抓住植物和动物的基本特征，正确区分植物与动物。

(2) 能认真倾听同伴之间的交流，并做出恰当的反应。

【活动准备】

(1) 常见的动物和植物的图片。

(2) 特征关键词的词卡。

【注意事项】

(1) 引导学生抓住植物与动物的最根本的特征进行区分。

(2) 从学生最熟悉的植物与动物入手。

【活动过程】

活动环节	活动过程中的步骤	步　骤　目　的
认识动物	(1) 介绍自己认识的动物。 (2) 回顾动物的基本特征。	(1) 帮助学生提炼原有的生活经验。 (2) 帮助学生掌握动物的基本特征,为之后的活动做好准备。 (3) 激发学生的观察兴趣。
区别植物与动物	(1) 回顾植物的基本特征。 (2) 用植物与动物的基本特征判断老师出示的图片究竟是植物还是动物。	(1) 引导学生将植物与动物分类摆放。 (2) 指导学生能抓住植物与动物的基本特征区别植物与动物。 (3) 培养学生愿意表达和认真倾听的学习习惯。
延伸活动	根据实物或图片,区分究竟是植物还是动物,或者是植物或动物的制品。	(1) 结合生活实际帮助学生巩固认识植物与动物。 (2) 提高学生观察的兴趣。 (3) 引导学生积累生活经验。

活动反思

在回顾了动植物的基本特征后,老师出示了一些动物和植物的图片,其中有学生见过的,也有学生没见过的。

“这是一只竹节虫,你们认为它是植物还是动物?”

“是植物。”

“为什么?”

“因为它长得和竹子很像。”

在区别植物与动物的过程中，学生容易掌握的用于区别两者的特征：植物是不会动的，动物是会动的。在这一教学环节中，由于老师使用的是图片，学生很难识别出这一主要特征，因此造成了学生的辨别错误。因此，在此类教学中，老师尽量采用动态的影像资料等教学手段，帮助学生抓住事物最主要特征进行理解与识别。

水与冰

“水与冰”活动模块的设计，主要是引导中度智力障碍学生通过一系列小实验探究水与冰的基本特征，知道水与冰在一定条件下可以转化；在活动中积累水与冰相关的生活经验；理解水与冰与我们日常生活的密切联系，提高解决相关生活问题的能力；在实验的过程中学会运用对比的方法得出实验结果。

【概念】

- 水与冰的基本特征。
- 水与冰在一定条件下可以转化。

【探究能力】

- 通过实验，探究水与冰的基本特征及转化。

【科学态度】

- 通过实验，验证预测，并把实验的过程和结果如实记录下来。

【社会交往能力】

- 接受自己的实验结果。
- 能和他人合作，共同完成实验。

【语言能力】

- 掌握一些科学词汇，如：固体、液体、温度、融化、透明、流动性、形状等。
- 能借助实验结果或记录单，与他人分享自己的发现。

活动安排

	第一阶段	第二阶段	第三阶段
认识水	(1) 换个容器盛水：在活动中感受水无色、无味、透明、流动性等基本特征。 (2) 究竟哪杯才是清水：从几种相似的液体中辨别出清水。 (3) 水的“形状”变变变：知道水没有确定的形状。	(1) 流动的水：知道在通常条件下水具有从高处向低处流动的特征。 (2) 帮水搬家：知道水具有流动性的特征。 (3) 运水比赛：会选择合适的工具运水。	(1) 有趣的水面：通过活动发现盛水的容器中水面总是水平的。 (2) 水一样多吗：了解容器内水的多少与水面的高低、容器的形状、大小等因素有关。 (3) 哪一瓶水多：初步学会“比较水的多少”的方法。
认识冰	冰好有趣哦！感受冰坚硬、低温等基本特征，知道冰可以融化成水。	(1) 做冰块：学会自己动手制冰块。 (2) 把冰放进杯子里：体会冰是固态的，形状不容易被改变。	制作不同形状的冰：尝试用不同形状的容器制作不同形状的冰。
水与冰	——	——	(1) 冰变成水：了解当温度在0—100摄氏度，冰会融化成水。 (2) 怎样使冰融化得更快：寻找使冰更快融化的方法。 (3) 比较水与冰：比较水与冰的相同点和不同点。

第一阶段 活动设计

一、认识水

(一) 换个容器盛水

【活动目标】

(1) 初步感受清水具有无色、无味、透明、会流动等基本特征。

(2) 会借助现有的工具帮助自己完成任务。

(3) 能积极动手操作,并愿意和同伴交流自己在操作过程中的发现。

【活动准备】

装有水的小口瓶子、大口杯子、毛巾、漏斗等。

【注意事项】

(1) 要给学生充分的体验时间。

(2) 提示学生及时把流到外面的水擦干,不能用水嬉戏打闹等。

(3) 提出的要求要明确,如:换个容器盛水的过程中,尽量不要让水流出来。

【活动过程】

活动环节	活动过程中的步骤	步 骤 目 的
准备工作	(1) 认一认活动材料。 (2) 找一找各容器在外形上最大的区别。	(1) 了解今天的活动材料。 (2) 引导学生仔细观察。

续表

活动环节	活动过程中的步骤	步骤目的
换个容器盛水	(1) 挑选一瓶水和一个盛水的容器。 (2) 把瓶子里的水倒入容器中,再把容器中的水倒回瓶子中。	(1) 鼓励学生自己动手操作。 (2) 引导学生在操作中进行观察。
师生交流	老师提问: (1) 你在换个容器盛水的时候有没有用到工具?用了什么工具? (2) 你发现了什么? (3) 水流到外面来了你是怎么处理的?	(1) 引导学生回顾自己的操作过程。 (2) 培养学生借助操作,交流自己关注到的现象。 (3) 激发学生的操作兴趣。

活动片段

在“换个容器盛水”的环节中,当学生将水从大口容器倒入小口容器时,大多数的学生都将水洒到了外面,有的学生还弄湿了衣服。

“老师,水老是洒出来,怎么办?”

“老师这里有一些工具,你们可以选个工具试试,看能不能解决水老是洒出来的问题。”

在老师的提示下,有的学生选了杯子,有的学生选了漏斗,有的学生选了调羹。

在工具的帮助下,学生们又开始了倒水的尝试,结果选择杯子和调羹的学生,水还是洒得到处都是,只有选择漏斗的学生又快又顺利地完成了任务,水一点都没有洒出来。

“如果让你们再试一次,你们准备怎么做呢?”

这次,有一半的学生都效仿那个选漏斗的学生进行倒水,看到水倒好没洒出来时,他们都高兴地笑了。

在这次倒水的活动中,学生们学会了通过关注同伴的行为找到最佳的解决问题的办法，利用工具帮助自己完成了任务。

(二) 究竟哪杯才是清水

【活动目标】

(1) 通过活动进一步感知清水具有无色、无味、透明、流动性等基本特征。

(2) 运用多种观察方法，从几种相似的液体中辨别出哪一杯才是清水。

(3) 交流自己是怎样进行观察和判断的。

【活动准备】

(1) 雪碧、白醋、白酒、清水各一杯。

(2) 果汁、可乐、牛奶等各一杯。

(3) 红色标签。

【注意事项】

(1) 强调在活动过程中不品尝自己不了解的东西。

(2) 指导学生在闻气味的时候，要逐杯端起来闻，并且鼻子与杯口保持一定距离，用手扇闻。

(3) 提供给学生活动用的材料必须是生活中常见的、学生已经认识的。

【活动过程】

活动环节	活动过程中的步骤	步骤目的
准备工作	(1) 观察4杯无色、透明的液体。 (2) 预测哪一杯是清水，并在记录单上做好预测记录。	(1) 引导学生带着问题观察。 (2) 指导学生如实做好预测记录。
找出哪一杯是清水	(1) 讨论除了用嘴巴尝以外，还能用什么办法知道究竟哪一杯是清水。 (2) 逐个用自己选择的方法进行观察。 (3) 将观察结果记录在记录单上。	(1) 了解学生原有的生活经验。 (2) 鼓励学生尝试用自己的方法进行观察。 (3) 指导学生做观察记录。

续表

活动环节	活动过程中的步骤	步骤目的
师生交流	(1) 讨论:哪个杯子里装的是清水?为什么? (2) 介绍自己用了哪些方法进行观察的?(如:眼睛看、鼻子闻等。)	(1) 引导学生将自己的观察方法、观察结果与伙伴分享。 (2) 帮助学生体验成功的喜悦,激发学生的观察兴趣。
拓展:猜猜这是什么	出示:牛奶、果汁、可乐各一杯。 (1) 在使用眼罩的情况下,通过闻一闻,辨别闻到的液体。 (2) 在使用眼罩的情况下,请学生通过尝一尝,辨别尝到的液体。	(1) 引导学生用单一的感官辨别液体。 (2) 培养学生在参与活动的过程中逐步养成遵守游戏规则的习惯。

活动片段

师:“这里有4杯无色透明的液体,究竟哪一杯是清水呢?”

生1:“这个杯子里有气泡,我觉得是雪碧。”

师:“除了用眼睛看之外,我们还可以用什么方法进行观察?”

生1:“用鼻子闻。”

生2:“用嘴巴尝。”

师:“在活动中我们首先要保证自己的安全,对于不确定的物品,绝对不可以用嘴巴尝,闻也要保持一定的距离。只有在老师同意的情况下才可以使用这两种方法。”

通过之前“水果”模块的教学,学生已经学会了用不同感官感知物体的特征。在“哪杯是清水”的活动中,老师没有给出任何提示,学生就能想到除了用眼睛看之外,还可以“用鼻子闻”“用嘴巴尝”来判断哪杯是清水。从这个案例我们看到,学生们能借助自己的生活经验,将以前学到的一部分学习方法迁移到新的学习活动中。老师在这一基础上,再进行引导,让学生知道在运用老方法解决新问题时需要注意的问题,并进行相应的安全教育。

(三) 水的"形状"变变变

【活动目标】

(1) 初步了解水有体积,但没有确定的"形状"。

(2) 知道水的"形状"与盛水容器的形状有关。

(3) 能认真倾听同伴的交流,并愿意与同伴分享自己改变水的"形状"的方法。

【活动准备】

(1) 半杯清水。

(2) 不同形状、可盛水的容器若干个。

(3) 长方体、圆柱体、正方体等与容器形状相同的积木。

【注意事项】

(1) 了解学生已熟练掌握的几种几何形状。

(2) 强调在活动过程中不品尝自己不了解的东西。

(3) 提示学生在活动过程中遇到水洒出来的情况时要及时将水擦干。

【活动过程】

活动环节	活动过程中的步骤	步　骤　目　的
改变水的形状	讨论:水是什么形状的? (1) 观察老师提供的杯子的形状。 (2) 观察杯子里水的"形状"。 (3) 将水倒进不同形状的容器中,观察水的"形状"。 (4) 思考容器的形状跟水的"形状"有什么关系。 (5) 换个容器,把水的"形状"改变成指定的形状。	(1) 引导学生带着明确的目的进行观察活动。 (2) 启发学生根据要求,思考后进行操作。 (3) 提高学生操作的有效性,激发学生的操作兴趣。

续表

活动环节	活动过程中的步骤	步　骤　目　的
师生交流	讨论： 同样一杯水为什么会有不同的“形状”？（水的“形状”随容器的形状而变化。）	启发学生得出结论：水没有确定的“形状”。水的“形状”是根据容器的形状而改变的。

活动片段

老师指着盛在五角星形容器中的水问学生：“这里面的水是什么形状的？”

学生回答：“五角星形。”

老师又指着盛在圆形容器中的水问学生：“这里的水是什么形状的？”

学生回答：“圆形。”

老师又问：“那么水究竟是什么形状的呢？”

学生们瞪着眼睛迷惑地看着老师，没有一个人能回答。

学生在观察一杯静止的水的过程中更多关注的是容器，而非里面的水，因此他们并不能从这种对比中发现水的“形状”可随容器形状改变而改变，从而认识到其实水是没有确定形状的。基于这一现实，老师设计了“倒水”的活动，让学生自己操作，将一个杯子里的水倒进不同形状的容器中。在此过程中，流动的水对学生造成了更强的感官刺激，通过反复的“倒”，学生知道了水倒进不同形状的容器中，就会呈现不同的形状，为他们了解“水没有确定形状”这一概念打下了很好的基础。

二、认识冰

冰好有趣哦

【活动目标】

(1) 知道冰是可以直接拿在手里的。

(2) 在活动中初步感受冰具有坚硬、低温、会融化等特征。

(3) 知道冰可以融化成水。

【活动准备】

(1) 塑料碗。

(2) 大小及形状不同的冰块若干。

(3) 抹布。

【注意事项】

(1) 提示学生湿的手不能去拿冰,以防冻伤。

(2) 提示学生用手拿冰块时如果感到很冷就赶紧放下。

【活动过程】

活动环节	活动过程中的步骤	步 骤 目 的
观察冰	(1) 用手拿一块自己喜欢的冰块。 (2) 感受冰的特征。	引导学生带着明确的目的进行体验和观察。
师生交流	讨论: (1) 你觉得冰有什么特征? (2) 你手中的冰在观察过程中有什么变化?	能在提示下大胆地交流自己的感受和观察发现。

续表

活动环节	活动过程中的步骤	步　骤　目　的
拓展：生活中的冰	相互交流： (1) 通常在哪些地方能看到冰？ (2) 什么季节在户外也能看到冰？	(1) 引导学生把课堂活动与日常生活紧密结合。 (2) 通过活动帮助学生进一步积累生活经验。

活动反思

在本模块第一阶段的教学中，有关"冰"的内容涉及较少，此活动的目的主要在于了解学生的前概念。

在被问及在哪里看到过冰的时候，大部分学生回答不上来，只有一两个学生说在饭店里看到过冰。

通过学生的反应，我们了解到以下几方面的情况：

(1) 学生已经知道冰的一些基本特征，包括：冰是可以直接用手拿的，冰是冷的，等等。

(2) 学生不知道冰与水之间的关系。

(3) 学生对于与冰有关的生活经验较少。

这些信息的获得为我们下阶段的教学设计提供了依据。

第二阶段 活 动 设 计

一、认 识 水

(一) 流动的水

【活动目标】

(1) 通过观察,初步理解在通常情况下水具有从高处向低处流动的特征。

(2) 在老师的引导下,了解生活中哪些现象是和"水从高处向低处流动"的特征有关的。

【活动准备】

长方体的盛水容器、木块、水、影像资料。

【注意事项】

(1) 选择底部较宽大的容器提供给学生活动中使用。

(2) 课前要了解学生原有的生活经验。

【活动过程】

活动环节	活动过程中的步骤	步 骤 目 的
让小水珠动起来	(1) 动手尝试:让自己容器里的小水珠动起来。 (2) 在实物投影上演示自己的操作,集体观察水珠的运动。	(1) 让学生带着明确的目的参与活动。 (2) 培养学生在操作中进行观察的学习习惯。 (3) 激发学生和同伴交流互动的积极性。

续表

活动环节	活动过程中的步骤	步骤目的
了解水具有从高处向低处流动的特征	(1) 观察老师设计的场景：往地上倒了一杯水，水从一端流向了另一端，思考这是为什么？（老师引导学生根据水从高处向低处流的特征来解释这一现象。） (2) 观看视频：《高山流水》 (3) 师生交流：水在流动时有什么特征？	(1) 引导学生在操作中进行细致的观察。 (2) 启发学生把观察到的现象说出来。 (3) 结合生活中的例子，帮助学生更好地了解水具有从高处向低处流动的特征。

活动片段

水的流动性是一个很抽象的概念，老师为了帮助学生理解水由高往低流动的特征，设计了一个类似跷跷板的教学具。在活动中，老师要求学生利用跷跷板让水流到对面的学生那边去。

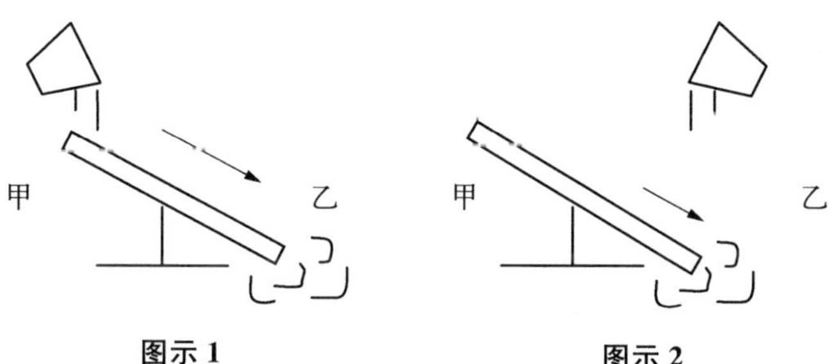

图示 1　　图示 2

如图示 1，学生甲顺利地让水流到了对面学生乙那里。图示 2，学生乙倒水的时候，水却流向了自己一边。“为什么学生乙倒的水流向自己呢？”老师的问题一出来，一个学生说："这个跷跷板左边比右边高，所以水能流过去。"这个学生一说完，就有一个学生尝试着把跷跷板调整为右高左低，然后开始倒水，水果然从右边流向了左边。

通过几次这样的操作，学生就理解了在通常情况下水有从高处向低处流动的特征。

(二) 帮水搬家

【活动目标】

(1) 进一步理解水没有固定的形状、具有流动性的特征。

(2) 通过实验，初步认识：选择合适的工具才能把水运走。

(3) 通过实验验证预测，并把实验的结果如实记录下来。

【活动准备】

脸盆、小水桶、漏勺、小勺、铲子、塑料袋、漏斗、手帕、海绵、水杯、托盘等。

【注意事项】

(1) 选用室外场地让学生开展活动。

(2) 在学生活动的场地上设置明显的起点和终点标志。

【活动过程】

活动环节	活动过程中的步骤	步骤目的
小小运水工	(1) 讨论：怎样才能顺利地把盆里的水从起点运到终点去？ (2) 预测并做好预测记录。 (3) 根据预测选择运水的工具。 (4) 进行运水活动。 (5) 根据活动情况完成记录单。	(1) 了解学生原有的生活经验。 (2) 指导学生如实做好记录单。 (3) 鼓励学生积极参与每一个操作活动，并帮助学生从活动中得到更多收获。

续表

活动环节	活动过程中的步骤	步　骤　目　的
师生交流	老师提问： (1) 你选择了什么工具？在运水的过程中，有什么发现？ (2) 你发现哪些工具适合运水？ (3) 你发现哪些工具不适合运水？为什么？	(1) 帮助学生回顾活动过程，理解运水需要用合适的工具。 (2) 引导学生通过比较发现工具之间的不同点。 (3) 引导学生在实践的基础上进行交流，在交流的过程中理解怎样的工具才适合运水。 (4) 培养学生初步的探究能力。
拓展：按要求找工具	(1) 找一样适合运水的工具。 (2) 找一样不适合运水的工具。	(1) 检验学生是否真正理解怎样的工具才适合运水。 (2) 帮助学生积累生活经验。

帮水搬家记录单

材料(图片)	预　　测	实验结果
漏勺		
小勺		
铲子		
漏斗		
水杯		
托盘		
海绵		
瓶子		

活动片段

老师设计了一个“帮水搬家”的活动，要求学生用老师提供的工具将一个盆里的水搬到对面的盆里去，学生们有的选果盘，有的选漏斗，有的选勺子，也有的选果篮。

小君选的是个果篮，但是不管他怎么尝试，就是没有办法用果篮把水舀起来运走。

第二次，有学生对他说，“这个有洞，水要漏掉的”，但倔强的小君就是不肯换，不过眼睛还是偷偷地看着其他学生运水。

第三次，小君还是选了果篮，但与前两次不同的是，他在果篮下面垫了一个盘子。这次，他将水舀起来了，并成功地运到了对面。

最后，在老师请学生们把可以搬水的工具放在一起时，小君终于不再拿果篮，而是把盘子放了过去。

液体是生活中一种常见的物质。智障学生平时也会用杯子盛水，用碗盛汤，但他们并不知道液体具有流动的特征。通过“帮水搬家”的活动，学生在自己操作失败后明白了水会从果篮的孔里漏掉，在观察了别人的行为后知道了要用怎样的容器才容易将水盛起来，并在自己的操作中得以验证。对于智障学生，老师很难做概念性的解释，只有让他们自己通过反复的尝试、观察和体验，来理解物质的一些特征。

(三) 运水比赛

【活动目标】

(1) 通过活动进一步认识：选择合适的工具才能更快地把水运走。

(2) 在活动中增强团队意识。

【活动准备】

脸盆、小水桶、漏勺、小勺、铲子、塑料袋、漏斗、手帕、海绵、水杯、托盘等。

【注意事项】

(1) 选用室外场地让学生开展活动。

(2) 在学生活动的场地上设置明显的起点和终点标志。

(3) 提示学生活动时,组与组之间要间隔一定的距离。

【活动过程】

活动环节	活动过程中的步骤	步　骤　目　的
运水比赛	(1) 分组选择工具进行运水比赛。 (2) 在老师帮助下自主评出获胜小组。 (3) 在老师帮助下评价哪一组运的水最多,用的时间最短。	(1) 指导学生学习合作完成任务。 (2) 引导学生客观地评价活动的结果。
师生交流	老师提问: (1) 胜利的法宝是什么? (2) 怎样才能做到不让水洒到地上?	(1) 引导学生认识到选择合适的工具才能更快地把水运走。 (2) 在活动中培养学生的团队意识。

活动片段

比赛开始了。学生们一个个排好队,排在B组第一个的学生拿着自己选择的勺子开始运水。为了不让水洒出来,他走得很慢,其他的学生静静地看着他,等他回来后,第二个学生拿着碗继续运水。整个比赛过程学生们都很认真,很安静。但结果A组的水都运完了,B组的水还剩很多。B组比赛失败了,学生们并没有去责怪谁,也没有显得很懊恼。

在我们的生活经验中,比赛往往是和激烈的竞争、成功后的兴奋、失败后的沮丧这些场景联系在一起的,但在我们的运水比赛中,这些场景都没有出现。由于智障学生的社会情绪发展水平低下,他们普遍缺乏团队意识和集体荣誉感,因此他们对于比赛过程中队友的表现缺乏关注,不知道队友的表现也会影响到比赛的结果。在比赛成功或失败后，他们也不会表现出很大的情绪变化。因此，在我们的教学中，要有意识地设计一些活动，培养他们的团队意识和合作能力，为他们以后更好地适应社会生活奠定基础。

二、认 识 冰

(一) 做冰块

【活动目的】

(1) 知道可以用冰箱的冷冻室制作冰块。

(2) 知道制作冰块需要些什么材料，愿意自己动手制作冰块。

(3) 通过实验，验证预测，并把实验的过程和结果如实记录下来。

【活动准备】

水、冰格、篮子、杯子等不同的容器以及冰箱、有关冰的图片。

【注意事项】

(1) 指导学生确认使用的冰箱冷藏室和冷冻室的位置。

(2) 要允许学生犯错，引导学生自己发现问题，尝试自己解决问题。

【活动过程】

活动环节	活动过程中的步骤	步 骤 目 的
动手制作冰块	(1) 讨论：做冰块需要准备什么？ (2) 各自选择做冰块的容器。 (3) 动手制作冰块，并做好记录。	(1) 了解学生与制作冰块有关的生活经验。 (2) 让学生通过操作初步了解制作冰块的基本要领，并指导学生如实记录。

续表

活动环节	活动过程中的步骤	步　骤　目　的
师生交流	讨论： (1) 制作冰块应选择怎样的容器才合适？ (2) 说说各自选择冷藏室(冷冻室)做冰块的理由。 (3) 成功地制作出冰块的关键究竟是什么？	(1) 引导学生借助记录单回顾制作冰块的过程。 (2) 启发学生借助记录单总结出制作冰块的基本要领。

活动片段

中年级的智障学生已经积累了一定的生活经验，在上“制冰”这节课的时候，大部分的学生知道可以利用冰箱来制冰。他们有的将水放在了冷藏室，有的放在了冷冻室。老师将两个温度计分别放进了冷藏室和冷冻室。过了几个小时再去观察，冷冻室的水结冰了，冷藏室的却没有。因此，多数学生得出的结论就是水放进冷藏室是不能做成冰块的，要放进冷冻室才行。但有个别学生认为水放在冷藏室也可以结冰，只是比放在冷冻室需要更多的时间，现在是因为时间不够才没有结冰。于是老师建议他们明天再来观察。第二天，学生们发现冷藏室的水还是没有结冰。此时，老师引导他们观察存放在冷藏室和冷冻室中的两个温度计温度上的区别，有学生就发现冷藏室测出的温度是 4 摄氏度，冷冻室是−10 摄氏度。在学校观察的基础上，老师又请学生各自回家测量自己家冰箱冷藏室和冷冻室的温度，并记录下来。

通过对多个记录结果的比较，学生发现冰箱冷藏室的温度都在 0 摄氏度以上，冷冻室的温度都在 0 摄氏度以下。他们通过实践更清晰地理解了“水在 0 摄氏度以下会开始凝固(俗称：结冰)”这样一个科学概念。

(二) 把冰放进杯子里

【活动目标】

(1) 了解冰不容易改变形状的特征。

(2) 根据固体的特征,认识到冰也是一种固体。

(3) 能大胆地说出自己的想法,能认真倾听同伴之间的交流。

【活动准备】

大冰块(用大塑料杯冻制)、小塑料杯、榔头、不锈钢勺等。

【注意事项】

(1) 进行工具使用的安全教育。

(2) 提醒学生在冰化成水时,要及时擦干桌面上的水。

(3) 为学生提供同样形状、不同尺寸的冰块及盛冰容器。

【活动过程】

活动环节	活动过程中的步骤	步骤目的
把冰放进杯子里	(1) 观察活动材料并进行预测。 (2) 尝试把大块的冰放进杯子里。 (3) 相互交流自己的发现和采用的方法。	(1) 鼓励学生根据活动要求积极参与活动。 (2) 引导学生与伙伴分享自己在操作过程中的发现。
师生交流	讨论: (1) 水和冰哪个更容易放进杯子? (2) 为什么冰不容易放到杯子里?	(1) 引导学生通过交流,认识冰不容易改变形状的特征。 (2) 帮助学生积累生活经验。
拓展	老师给出固体的定义,并进行提问:你知道像冰这样不能流动,有固定的形状和体积,质地比较坚硬,不容易改变已有形状的固体还有哪些?	(1) 引导学生根据固体的基本特征,从而认识到冰也是一种固体。 (2) 通过活动,巩固学生对固体基本特征的认识。

活动片段

老师为学生提供了两杯相同量的水(在准备水的过程中要考虑到水凝固成冰后体积会增加),让他们把其中的一杯水做成冰块,然后再要求学生试着把那杯水和那杯冰放进两个相同的容器中(容器口略小于杯口)。学生们尝试了一下,水很容易就倒进了容器中,但是冰块却放不进去。

"同样多的水变成冰块后怎么就放不进同样的容器中呢?"老师问。

"容器口太小了。"

"冰块太大了,塞不进去。"

"怎样才能将冰放进杯子里呢?"

有学生在老师的启发下想到了把冰敲碎之后,就可以顺利地将冰放进去了。

"我们已经知道,像水这样没有固定的形状、可以流动的是液体,可是当水结成冰之后,还是液体吗?"

"不是。"

"没有流动性,有固定的形状和体积,质地比较坚硬,不容易改变已有形状的物体,我们称它们为固体。"

"我们生活中像冰这样的固体还有哪些?"

"积木""杯子""瓶子"……

第三阶段 活 动 设 计

一、认 识 水

(一) 有趣的水面

【活动目标】

(1) 初步了解无论容器怎么摆放,水面总是水平的。

(2) 愿意在活动中和老师、同伴一起进行观察。

【活动准备】

(1) 圆柱形的密封杯一个。

(2) 15 厘米以内的短尺若干把。

(3) 装有水的瓶子若干个。

【注意事项】

(1) 活动中使用的圆柱形的密封杯,要挑选杯身高、杯壁光滑的杯子。

(2) 活动中使用的瓶子也要挑选瓶壁光滑,便于尺贴着瓶壁进行测量。

(3) 提供给学生观察的瓶子内装的水多少各异,但无论横着放还是竖着放,测量水位的高度尽量是整数,便于学生读数。

【活动过程】

活动环节	活动过程中的步骤	步 骤 目 的
观察容器内水面高度	(1) 学习测量水位的高度。 (2) 观察杯子里水位的高度是否	(1) 指导学生进行细致观察。 (2) 启发学生带着问题进行操

续表

活动环节	活动过程中的步骤	步骤目的
观察容器内的水面高度	一样。 (3) 操作后观察杯子斜着放时，水面是怎样的？ (4) 操作后观察瓶子横着放，瓶子里水的水面又是怎样呢？	作。 (3)在活动中培养学生合作学习的能力。
师生交流	盛水的容器竖着、横着、斜着摆放的时候，我们观察到水面有什么变化吗？	启发学生得出结论：无论容器怎么摆放，水面始终是水平的。

活动反思

在第一、第二阶段的教学中，由于受到学生认知发展水平和生活经验的限制，在这两个阶段中我们多以简单的观察为依据描述物体的特征。但简单的观察容易受到很多因素的影响，导致学生对物体特征的描述出现偏差。比如，在认识“水面始终是平的”这个概念时，学生在观察水面的时候就受到了容器的影响，认为容器发生倾斜，水面也就发生了倾斜。因此到了第三阶段，在学生的认知和经验达到一定水平时，我们开始涉及测量工具的使用。老师引导学生通过平移短尺，观察短尺刻度与水面高度之间的距离有没有变化，最终让学生自己得出“无论容器怎么摆放，水面始终是水平的”这一结论。

(二) 水一样多吗

【活动目标】

(1) 初步了解容器内水的多少不仅与水面的高低有关，还跟容器的形状、大小等因素有关。

(2) 能通过观察找到形状、大小相同的容器。

(3) 能积极动手参与活动，愿意向他人表达自己的观点。

【活动准备】

(1) 两个不同形状的容器，分别盛了相同量的水。

(2) 不同形状的容器若干个。

【注意事项】

(1) 提示学生要听清要求，按要求做。

(2) 提醒学生，水流到桌子上或地上后要及时擦掉。

【活动过程】

活动环节	活动过程中的步骤	步骤目的
容器里的水一样多吗	(1) 观察两个瓶子里的水，判断水的多少，并说出自己的理由。 (2) 讨论：用什么样的方法更容易比较出这两瓶水是否一样多？ (3) 运用讨论出来的方法进行操作比较。 提示：学生能想到找两个相同容器进行比较，但具体怎么操作很难用语言表达清楚，因此建议让学生通过操作帮助自己说明比较的方法和比较的结果。	(1) 指导学生先讨论用什么方法，再通过操作去验证是否可行。 (2) 引导学生通过观察来判断比较的结果。 (3) 培养学生初步的探究意识，形成用事实说话的学习氛围。
拓展	(1) 从老师提供的容器中找出两个形状、大小相同的容器。 (2) 部分学生尝试不借助操作，直接用语言和图示，介绍自己找两个形状、大小相同的容器比较，以及怎么判断比较结果的方法。	(1) 针对不同能力的学生设计不同要求的活动，让每一个学生都能体验成功的感觉。 (2) 激发学生参与活动的积极性。

活动片段

师:“瓶子里的水和杯子里的水一样多吗?”

多数学生认为杯子里的水多,理由是杯子里的水都要满出来了,而瓶子里的水只有瓶底一点点。但也有学生觉得无法进行判断,理由是两个容器形状、大小都不一样。

师:“那怎样才能知道这两个容器里的水是不是一样多呢?”

生:“将水倒进两个形状和大小都相同的容器里就可以比较。”

……

在日常生活中,我们有时也会产生上面的错觉,明明是相同量的东西,放在大容器里就会看起来比放在小容器里要少。老师设计的这一活动,是要让学生明白,有时候仅凭肉眼的观察,我们可能会受到主观经验的影响,在这种情况下,我们就需要借助工具,用客观的方法测量物体的多少。

(三) 哪一瓶水多

【活动目标】

(1) 结合生活经验,初步学会“比较水的多少”的几种方法。

(2) 能勇敢地说出自己的想法,或动手检验自己的想法。

【活动准备】

(1) 若干个盛了水的瓶子。

(2) 若干个不同形状的容器。

【注意事项】

(1) 给学生准备各种生活中常见的或比较容易启发学生结合生活经验进行比较的容器。(如:有刻度的瓶子、量杯等。)

(2) 提示学生在倒水时用合适的工具帮助自己。

(3) 提醒学生水流到桌子上或地上后要及时擦掉。

【活动过程】

活动环节	活动过程中的步骤	步骤目的
比较水的多少	(1) 用两个形状、大小相同的容器比较两瓶水是否一样多。 (2) 讨论:比较两瓶水哪一瓶多,我们还可以用什么方法? (3) 用自己想到的方法,通过操作,比较哪一瓶水多。 (4) 分别介绍自己的比较结果。	(1) 提高学生在实际操作中解决问题的能力。 (2) 借助操作、观察、比较,发展学生的表达能力。 (3) 培养学生动手操作的兴趣。
拓展	(1) 讨论:在选用有刻度的容器比较时,如果读刻度数字有困难,我们可以用什么办法解决? (2) 部分学生尝试不借助操作,直接用语言和图示,介绍自己选用的方法,以及怎么判断比较结果。	(1) 针对不同能力的学生设计不同要求的活动,让每一个学生都能体验成功的感觉。 (2) 激发学生参与活动的积极性。

活动片段

活动中,老师拿出两个不同的瓶子,里面分别装了一定量的水,让学生帮忙想想办法测一测哪个瓶里的水多,哪个瓶里的水少。

有的学生选择了两个相同的容器,分别把水倒进了容器中;有的学生拿来了一个带刻度的杯子,分别把水倒进去,然后记下每次的刻度;还有的学生只拿了一个瓶子,然后将两瓶水分两次倒进去,并用不同颜色的记号笔画线记下水面高度。

在操作的过程中,虽然有的学生因为不会看杯子上刻度而犯难,有的学生在倒水的过程中把水洒了出来,影响了测量结果,但是他们都已经知道在容器不同的情况下是无法通过观察水位的高度来比较水的多少的,需要借助工具进行比较。

二、认 识 冰

制作不同形状的冰

【活动目标】

(1) 能够根据冰的形状,去寻找相同形状的容器。

(2) 学习填写记录单,会根据记录单,对照预测,检验自己做的冰的形状是否和预测一致。

(3) 能借助记录单与他人分享自己的成功或失败。

【活动准备】

不同形状的冰模子、冰箱、记录单、水。

【注意事项】

(1) 在制冰过程中,学生需要从具体到抽象。即:先根据具体的形状去找容器,再通过操作逐步学会根据容器的形状联想到可能做出来的冰的形状。

(2) 提示学生在做冰时容器内的水要适量。

(3) 根据学生操作的具体情况,如第一次成功率不高的话,建议在师生交流的基础上,再次根据新的记录单要求,进行多次制作,帮助学生把理论和实际联系起来。

【活动过程】

活动环节	活动过程中的步骤	步 骤 目 的
动手做冰	(1) 自己选择容器制冰,并做好记录。 (2) 借助记录单相互交流:自己选择了什么容器,并展示自己做好的冰块。	(1) 引导学生回顾制冰的基本条件。 (2) 培养学生借助实物提示进行语言表达。 (3) 通过活动为制作不同形状的冰做准备。

续表

活动环节	活动过程中的步骤	步 骤 目 的
制作不同形状的冰	(1) 根据各自记录单的要求,选择需要的容器。 (2) 动手操作——制冰。 (3) 根据自己的操作结果,如实填写记录单。	(1) 指导学生根据要求制作相应形状的冰块。 (2) 指导学生如实填写记录单。 (3) 引导学生通过观察冰和制冰的容器,帮助学生理解冰的形状和容器形状的关系。
师生交流	(1) 对照记录单,检验自己制作的冰,判断是否符合要求。 (2) 借助记录单和实物,交流成功或失败的原因。 (3) 尝试根据老师提出的制作不同形状冰的要求找到相应的容器,并说说自己的理由。	(1) 引导学生通过比对记录单和自己制作的冰,发现问题。 (2) 激发学生动手操作的兴趣。

活动反思

在学生能独立动手制作冰,并能介绍冰的形状之后,老师为了提高他们的兴趣,特地增加了一个“制作不同形状冰”的活动。当学生们说完自己要做什么形状的冰之后,去选择容器时却完全没有考虑容器的形状,结果没有一个学生能成功地做出自己想要的那种形状的冰块。经过初步分析,我们认为可能有以下几方面原因:(1) 学生对形状概念不巩固;(2) 不能将容器的形状与冰块的形状进行正确配对;(3) 表述与实际想法不一致;(4) 不知道容器的形状与做出来的冰块的形状之间的内在关联。根据这些可能的原因,我们设计了一些针对性的活动,比如让学生看不同形状的冰块和容器,让他们说一说是什么形状的,发现大部分学生都能正确说出。然后老师拿出一种形状的冰块,让学生找出与之形状相同的容器，发现学生也可以做到。最后，我们让学生先说出自己想做的冰块的形状，然后指认出自己所说形状冰块的图片，发现也没有问题。

因此我们推断，学生之所以出现上面的问题，是因为他们将不同形状容器的选择与做特定形状的冰当作两个独立的事件，没有意识到两者之间是存在因果关系的。那么，就需要老师为他们搭建学习的脚手架。

为了帮助学生在条件与结果之间建立起联系，老师设计了一组记录单，将冰块的形状与容器的形状同时呈现在记录单上，这样学生在看记录单时，更容易将具象的冰块和具象的容器联系起来。这比让学生将脑子里抽象的冰块形状与看到的具象的容器形状联系起来要容易很多。结果也证明，在使用这组记录单后，所有学生都能成功利用相应形状的容器制作出自己想要的冰块。

三、水与冰

(一) 冰变成水

【活动目标】

(1) 进一步认识水与冰的关系。

(2) 结合自己的生活经验，尝试用自己认为最好的办法让冰变成水。

(3) 能借助记录单，和他人分享自己的实验过程及结果。

【活动准备】

水、冰、容器。

【活动过程】

活动环节	活动过程中的步骤	步　骤　目　的
让冰融化成水	(1) 讨论：冰怎样才会融化成水？ (2) 根据自己的想法填写记录单。 (3) 动手尝试让冰融化成水，并完成记录单。	(1) 通过活动了解学生原有的生活经验。 (2) 指导学生填写记录单。 (3) 指导学生通过动手操作检验自己原有的生活经验。
师生交流	(1) 相互介绍自己使冰融化的方法。 (2) 老师提问：谁能说说冰和水有什么关系？	(1) 指导学生在操作和记录单的基础上练习语言表达。 (2) 引导学生初步了解水与冰的关系。

活动片段

"老师，昨晚爷爷晾在外面的毛巾结冰了，但是天气预报里说昨天最低温度是1摄氏度啊！"

"难道是天气预报不准吗？"

于是老师和学生们一早来到了校园的各个角落，有的学生把温度计放在了洒满温暖阳光的操场上，有的放到了树荫下，还有的放在了背阴的过道口。

"天气预报里说，今天的最高温度是7摄氏度，最低温度是0摄氏度，看看你们各自的温度计上显示的温度和天气预报有什么区别。"

"老师，我的是4摄氏度。"把温度计放在阳光下的学生说。

"我的怎么是−1摄氏度呢？"把温度计放在背阴的过道口的学生疑惑地说。

中午，老师又带学生去观察了一次。

"老师，我的是8摄氏度了。"

“我的是2摄氏度。”

“老师，我知道了，不同的地方温度是不一样的，早上和中午温度也不同。”

面对学生的生成性问题，老师应该进行及时的引导。在这个案例中，老师通过带领学生在不同时间测量校园内不同地方的温度，帮助学生进一步了解了0摄氏度以上水究竟是否能结冰，在什么样的温度下晾在室外的毛巾会冻住这样一个生活问题。一些原本抽象的科学道理，在“做中学”课堂上的实践操作中潜移默化地让学生掌握了。

（二）怎样使冰融化得更快

【活动目标】

（1）通过动手操作，进一步认识冰变成水的条件，掌握冰和水的关系。

（2）联系实际生活，设计实验方案，并在实验过程中耐心、认真地观察。

（3）认真倾听同伴的交流，根据各自实验的结果，了解使冰融化得更快的方法。

【活动背景】

（1）学生已经知道冰在一定条件下会融化成水；

（2）在生活课上已经掌握了正确使用微波炉的方法。

【活动准备】

（1）每人一块大小、形状相同的冰。

（2）每人一个盛冰的小碗。

（3）热水、冷水、微波炉、榔头等。

【注意事项】

（1）需要对学生进行工具使用的相关安全教育。

（2）提醒学生做实验用的冰不能吃。

【活动过程】

活动环节	活动过程中的步骤	步 骤 目 的
怎样使冰融化得更快	(1) 讨论：用什么办法才能让冰融化得更快些？并把自己的想法填写在记录单上。 (2) 根据自己的想法分组进行操作体验。 (3) 在操作中观察哪种方法能让冰融化得更快些。	(1) 了解学生原有的生活经验。 (2) 指导学生根据自己的预设，如实填写记录单。 (3) 辅助学生根据自己的预设进行体验。
师生交流	(1) 讨论实验结果。 (2) 根据自己观察到的结果，完成记录单。	(1) 指导学生根据观察结果如实填写记录单。 (2) 通过活动，帮助学生积累生活经验。
生活中的体验	(1) 独立完成记录单的拓展部分：如果马上要用一块冻肉做菜，怎样使它快速解冻？ (2) 相互交流、分享自己的想法。	(1) 把课堂上的实践活动与学生的日常生活紧密联系起来，引导学生初步养成一种把课堂学习到的知识运用到自己日常生活之中的意识。 (2) 培养学生在活动中敢于尝试、乐于交流的学习习惯。

活动片段

“怎样才能使冰融化得快一些呢？”

“放在太阳底下。”

“放点热水。”

“放在有风的地方。”

“放在手里捂着。”

……

“那么,大家是否观察过爸爸妈妈平时在家里是怎样解冻冰箱里拿出来的食品呢?”

“我看到妈妈是放在微波炉里转的。”

“放在热水里浸的。”

辅读学校“做中学”的课堂教学要与学生的生活紧密结合起来,帮助智障学生进行知识的迁移,积累更多的生活经验和技能,让他们通过对这些科学现象的理解从而提高他们生活的能力。

(三) 比较水与冰

【活动目标】

(1) 通过比较,进一步认识水与冰的相同点和不同点。

(2) 结合生活经验,找出和水与冰类似的物品。

(3) 能大胆发表自己的观点,认真倾听同伴的交流。

【活动准备】

杯子、冰块、水、记录单。

【注意事项】

(1) 有意识地在教室内放置一些与水和冰有类似特征的物品,启发学生联想。

(2) 帮助学生,合作完成集体记录单。

【活动过程】

活动环节	活动过程中的步骤	步骤目的
回顾水与冰的特征	(1) 看着水和冰,说说它们各自的特征。 (2) 帮助学生填写集体记录单。 (3) 看着记录单,再来回顾水与冰的相同点和不同点;水与冰的内在关联;水与冰在什么情况下会互相转化。	(1) 启发学生回顾总结水与冰的特征,巩固对水与冰特征的认识。 (2) 培养学生养成乐于与同伴交流的学习习惯。

续表

活动环节	活动过程中的步骤	步骤目的
拓展	讨论： (1) 你知道像水这样能流动，没有固定的形状，形状会随着容器的形状而改变的物体的液体还有哪些？ (2) 你知道像冰这样不能流动，有固定的形状和体积，质地比较坚硬，不容易改变已有形状的固体还有哪些？	(1) 引导学生将课堂上学习到的知识迁移到生活中。 (2) 培养学生关注身边事物的兴趣。

活动反思

在学习"水与冰"这个模块之前，我们曾经学习过"固体与液体"的模块，但经过一个阶段的学习后，学生们对于固体和液体的概念仍不是很清晰，在分辨固体和液体时，往往是凭机械的记忆，而非对两者基本属性的理解。但是在经过"水与冰"这个模块的学习后，大多数的学生对固体和液体的基本属性有了更深入的理解。这是为什么呢？反思这两个模块的教学过程，我们发现在"固体与液体"这一模块的教学中，固体和液体都是静态存在的，对于智障学生来说，他们更关注这些是什么，而不是这些东西是什么样的。而在"水与冰"这个模块的学习过程中，帮助学生通过实验看到了水与冰的转化过程，在这个过程中，他们对于物体状态的变化更为关注了，对于固体和液体的属性也就有了更感性的认识。

后 记

中法合作“做中学”探究式科学教育在上海静安区试点的最初三年中，静安区南阳学校的施风校长和曹霞老师一直跟随这个区域大项目在学习。最初大家并没有意识到这个项目可以在南阳学校这样的特殊儿童学校发挥作用，直到有一天，南阳学校提出了参加项目组的要求。

普通学校的课程肯定是无法直接在南阳学校复制的，因为学生的学习能力和基础完全不同，他们的学生所面临的未来需求也和普通学校学生不一样，但大家的共识是，课程的理念对这些孩子同样有意义。

正是基于这样的考虑，我们从一开始就正视了“做中学”对于特殊学校儿童的意义究竟在哪里的问题，从南阳学校的儿童从学校毕业后将面对怎样的社会生活状态入手，提出了“做中学”课程理念应服务于学生未来社会生活需要，提供学生掌握更多未来社会生活技能，帮助他们提高未来生活质量为最终目的的观念，并在实践中走出一条与普通试点小学不同的课程研发和实践路径。

遵循“做中学”理念，南阳学校的老师严格在学生已有的认知基础上设定教学目标，设计教学方案。学生同样通过“探究”的方式在课堂上获得概念，与普通学校不同的是，这些概念大都建立在生活中常见的技能之上，比如先学习如何榨果汁，再从中理解果汁和水果之间的关系，进而懂得水果会给人体提供养分，是应该常吃的东西。

经过一段时间的研发和实践，南阳学校学生的成长被法国科学院“做中学”项目发起人团队获悉。2007 年 10 月 12 日，由原教育部副部长韦钰院士带队，包括项目发起人法国科学院副院长盖里院士、法国科学院雷纳院士、法国教育部总督学在内的中法“做中学”高层专家团队走进了南阳学校。现场听课后，盖里院士给出了“南阳学校的研究，堪比诺贝尔奖的伟大”“一个国家如何对待残障人士，反映了这个国家的希望”等超高评价。代表团中的法国专家当即表示，要将该研究推广到法国，惠及法国的特殊儿童。第二年，施风校长带着学校的研究成果受邀赴法国向法国的同行进行了专题分享。

如果没有南阳学校老师、领导对学生的真心关爱，没有他们对教育变革中的全新理念的高度敏感及深入理解，“做中学”探究式教育是根本没有机会与特殊儿童教育如此贴切务实地结合到一起的。如果没有南阳学校教师团队迎难而上的原创精神，这本书也不太可能出现在大家面前。这所学校的作为，本身就是对“做中学”精神的一种有力诠释。

曹坚红

2018 年 12 月

图书在版编目(CIP)数据

辅读学校"做中学"课堂活动设计 / 施凤，曹霞，陈奇著. —上海：文汇出版社，2019.7
ISBN 978-7-5496-2910-7

Ⅰ. ①辅… Ⅱ. ①施… ②曹… ③陈… Ⅲ. ①智力障碍—儿童教育—教学参考资料 Ⅳ. ①G764

中国版本图书馆 CIP 数据核字(2019)第 115280 号

辅读学校"做中学"课堂活动设计

施凤 曹霞 陈奇 ◎ 著

责任编辑 / 竺振榕
封面装帧 / 薛 冰

出版发行 / 文匯出版社
上海市威海路 755 号
(邮政编码 200041)
经　　销 / 全国新华书店
排　　版 / 南京展望文化发展有限公司
印刷装订 / 上海新文印刷厂
版　　次 / 2019 年 7 月第 1 版
印　　次 / 2019 年 7 月第 1 次印刷
开　　本 / 720×1000 1/16
字　　数 / 148 千字
印　　张 / 11.25

ISBN 978-7-5496-2910-7
定　　价 / 35.00 元